「伝説の幼児教室」の先生が教える

子どもが賢く育つたった1つのコツ

母と子のオムニパーク・
潤心会室長
福岡潤子

青春出版社

☆プロローグ☆

子どもの伸びに差がつく「他己《たこ》意識」の秘密

長く幼児教育に携わり、多くの親子と接してきたなかで実感していることがあります。それは、子どもにとって「**親が自分をどう見ているか**」が、その子の成長・発達にダイレクトに影響するということです。

たとえば、お母さんが子どもの〝お世話〟に一生懸命で、なんでもやってもらえる環境にいる子は、自分のことをこのようにとらえます。

「ママはぼく（わたし）のことをいつまでも赤ちゃんだと思っている。お靴もはかせてくれるし、お洋服も着せてくれる。だから赤ちゃんのままでいいんだ」と。その結果、自分ひとりでは何もできない、頑張ることをしない子どもになります。

親は「ダメよ、自分のことは自分でしましょ」と言いながら、結局は「しょうがないわね」と、言うことを聞いてあげてしまいます。だから、子どもは「ママ、やって

～」とダダをこねるようになるのです。

逆に、1歳の子どもであっても、「おにいちゃんは頑張って歩こうね」と言われて育つ子は、「ぼくは頑張る子なんだ」ととらえ、そのように育っていきます。

知らず知らずのうちに親がつくっていた〝わが子像（自己イメージ）〟通りに子どもが育つというわけです。

この、子どもがもつ自己イメージのことを、私は「**他己《たこ》意識**」と呼んでいます。

これは私の造語ですが、なぜ「自己意識」ではなく「他己意識」なのでしょう？

それは、幼児は大人のように自己分析できないため、「まわりの大人が自分をどうとらえているかが、そのまま自己イメージになってしまう」ということなのです。

大人でも、他人の目にとらわれることがありますね。子どもの場合、とくに他己意識は、子どもの伸びる力を左右する最も重要なキーワードだと私は思っています。どのような他己意識をもつかで、子どものやる気が大いに変わってくるからです。

そこで本書では、折にふれ、他己意識を生かした子育てのポイントをひもといていきます。

ここで自己紹介をしますと、私は少人数制の幼児教室「母と子のオムニパーク（潤心会）」を主宰しております。

「母と子の」と掲げているように、子どもだけでなく、**お母さんが学習し、成長できることに重点を置いている**のが、ほかの幼児教室と異なるところかもしれません。千葉県の松戸市と東京の港区にある小さな教室ですが、県外の、しかも遠方（片道2時間以上）から通ってこられる母子も少なくありません。

子どもには、

「将来、伸びていくために必要な力、幼児期に身につけておくべき力をつけること」

お母さんには、

「プロの母親になるための考え方やスキルを伝えること」

をモットーに、30年を迎えます。

名門と呼ばれる幼稚園・小学校受験への高い合格率（95%以上）が評判を呼び、マスコミにも多数取り上げていただきました。でも、**ペーパーテストや受験指導など、特別なことは日頃何も行っておりません。**

目先の受験対策ではなく、将来の学力（生きる力）をつくる本物の教育を――その結果が、有名校合格や、教え子たちのその後の活躍につながっていると考えています。

受験はあくまで通過点。教え子たちの活躍は、ここに列挙しきれないぐらいです。

志望校に入園・入学後、「全国感想文コンクールで優秀賞」「全国書き初めコンクール読売新聞社賞」、その後の進路も、東大、慶應・早稲田大学などの難関大学はもちろん、国立大学の大学院に進む女子も珍しくありません。

幼稚園教諭時代から数えると、幼児教育に携わって45年。この一冊に、その45年分のノウハウをたっぷりと詰め込んだつもりです。

幼児期の子どもは、いわゆる「早期教育」や「ドリル学習」よりも「生活」のなかで学習することが有効です。なぜなら、子どもは環境のなかの刺激により成長・発達するからです。

とくに、子どもの一番身近にいる親との関係が重要です。互いのコミュニケーションから人との関わり方を学び、一緒に買い物に行ったり植物を育てたり遊んだりするなかで知力や五感を育みます。

自分で考え、行動するなかで集中力や判断力、身の回りのことを自分で行おうとする自立心などが育ちます。

基本的な生活習慣がきちんとできている子は、学習する姿勢も違います。

このような賢い子に育てると……?

そうです。子どもはもちろんですが、実は、お母さんだって幸せになります。いい親子関係が築けて、子育てが本当にラクで楽しいものに変わるはずです。

幼児期は、将来にわたる人格形成の基礎をつくる大事な時期。本書が、二度と来ない幼児期の子育てを後悔することのないように、そして子育てに悩みを抱えているお母さんお父さんに少しでも役立つものになれば、著者としてこんなにうれしいことはありません。

福岡潤子

目次

第2章 その「困った！」は、学ぶ力・考える力をぐんと引き出すチャンス！

第3章 子どもを大きく成長させる小さなこと

第4章 生活の中でこそ「数・言葉のセンス」が楽しく身につく！

カバーイラスト 佐藤香苗
本文イラスト 齊藤 恵
本文デザイン・DTP 岡崎理恵
編集協力 樋口由夏

第1章

今日の「言葉かけ」から始まる最高の学び時間

1

「人の話を聞ける子」に育てるには、親子の「言葉のキャッチボール」から

「保幼小の段差」や「小1プロブレム」という言葉を聞いたことはありませんか。

小学校に入学したばかりの1年生が授業を受ける状態にスムーズに移行できない、座っていられない、落ち着きがない、先生の話を聞かない……といった問題です。

実際、小学校の先生方にお話を聞くと、4月に入学してから6月までの3か月間は、授業中に先生のほうを見ること、先生の話を聞くことを教えるのに大変だといいます。

「どうしたら、うちの子は人の話をちゃんと聞けるようになりますか?」

こんな質問もよくいただきます。

答えは簡単です。

1歳児、遅くとも3歳までに、親子で「言葉のキャッチボール」の基本を身につければ、難しいことではありません。

親子の「言葉のキャッチボール」が将来のコミュニケーション力の土台になる

プロローグでもお話しした通り、子どもは、一番身近な親とのコミュニケーション（＝言葉のキャッチボール）を通して、人との関わり方を学びます。

「うちの子は、まだ言葉も話せない赤ちゃんだから、もう少し先の話だわ」

と思ったお母さん、ちょっと待ってください。

ウクンウクンと話しだす4～5か月ぐらいから親子のコミュニケーションは始まります。そして、意思伝達が始まるといわれる10か月頃から、言葉のキャッチボールは始まっているのです。

だから赤ちゃんのときから、優しく「○○ちゃん」と声をかけてあげたり微笑《ほほえ》んであげたりすることが大切なのですね。すると赤ちゃんも、嬉しそうに微笑んでくれたり、手足をバタバタさせて呼応してくれたりします。

満1歳頃になると、呼びかけに応えるようになるといわれています。

ところが最近は、幼児になったとき、名前を呼んでもふり向かない子どもが多いのです。

「○○ちゃん」とお母さんが名前を呼んでも知らんぷり。もし、そうだったら、言葉のキャッチボールの基本が身についていないからなのです。

コミュニケーションは互いの心の「キャッチボール」。

これはあくまでたとえですが、実際のキャッチボールをイメージしてください。当たり前ですが、相手に向かってボールを投げます。そのとき、あなたは無意識に相手が受け止めやすいボールを投げようとしませんか。また、相手も受け止める体勢で待ってくれていませんか。

ところが、幼い子どもが相手の場合はそうはいきません。

あなたが何回も言わなくてはならないのは、あなたの思いがちゃんと子どもに届いていなかったからなのです。

子どもという的は小さいため、お母さんが投げたボールは頭上に飛んで行ったり、ぶつかって転がったりして、どこかに行ってしまったからです。

大人同士もそうですが、**「言ったんだから、分かるでしょ」は、コミュニケーショ**

ンがとれたとはいえません。子どもが受け止めることができなければ、お母さんのボールを投げなかったと同じです。

それでは、どうすれば子どもとのコミュニケーションがとれるようになるのでしょう？

基本は、「子どもが、言葉というボールを受け止めようと思う」ところから始まります。

まずは、子どもがボールをキャッチできるようにすることです。

具体的には、いきなりボールを投げるのではなく、

「今からボールを投げるから、受け止めてね」

と伝えることが大切です。

これは、子どもに、「今からボールが行くから待っていてね」と、受け止めようとする心の準備をさせることを意味します。

まず、子どもと目線を合わせましょう。

「○○ちゃん、今からお話するね。よそ見していると分からなくなっちゃうから、

おめめを見ていてね」（キャッチボールで言うと、投げる人のほうを見て、受け止める姿勢をとってね）

そして話が終了したら（ボールを投げる雰囲気で、子どもの手にボールを乗せてあげる）、

「ちゃんと聞いてくれたね。ママ、うれしいな。ありがとう！」（ボールをちゃんと受け止めてくれてありがとう）

実際、入室したばかりの小さい子どもと私とで行うと、「ちゃんとボールを受け取って相手に返すと、こんなに喜んでくれるんだ。コミュニケーションって楽しい」という感じで、子どもは笑顔を返してくれます。

このようなコミュニケーションを行うと、**自然に「ありがとう」と言えるようになり、感謝の気持ちも芽生えていきます。**

子どもがボールを受け止めなかったとき、

「まだ小さいんだから仕方がないわね」

という意識をお母さんがもっていたらどうでしょう？

キャッチボールが上手ではない子どもに
ノーコンボール（言葉）を投げると、受け止めることができない

目線に合わせて
子どもでも受け取れる
ボール（言葉）を

これがプロローグで紹介した「他己意識」になりますが、子どもは、小さいんだからボールを受け止められなくても仕方がないんだ、と思ってしまいます。

すると、子どもは投げたいボールを好きなように投げて（自分の言いたいことだけ言って）、キャッチしたくないボールは受け止めない（人の話を聞かない）子になってしまうことになります。でも、仕方がありませんね。それでよしとしてしまったのですから。

1歳児の頃からコミュニケーションの基本を大切に子どもとやりとりをして成長していったら……、と想像してみてください。

お母さんが「〇〇ちゃん」と名前を呼んだときに、「なあに？」とふり向く子どもになることはお分かりになると思います。

その結果、先生や仲間が自分に発した言葉に「なんのお話だろう。ちゃんと聞こう」「よそ見しないで、見るときは見なくっちゃ」と思えるようになります。これは「聞く姿勢」「学ぶ姿勢」が身につくことにもつながっていきます。

コミュニケーション能力が身につく3つのステップ

親子の「言葉のキャッチボール」には、発達に応じた3つの段階があります。

第1段階〔子ども〕お母さんが投げたボールを受け止めようとする。
（言葉の「意味」が分からなくても、お母さんの言葉を聞こうという姿勢をもつ）

第2段階〔母親〕子どもでもキャッチしやすいボールを投げる。
（子どもの心に届く言葉かけ、そのスキルを身につける）

第3段階〔母親〕子どもに、相手に正確に届くボールの投げ方を知らせる。
（自分の思いを相手に伝える言葉を、子どもに提示する）

第2段階は題名の「たった1つのコツ」に大きく関わりますので、ほかの章でくわしくお話しいたします。第3段階について、いくつか具体例で説明しましょう。

子どもはよく単語だけで欲求を伝えます。

水が飲みたいときに、「おみず！」と言ったりしませんか。

本来、「水」という単語だけではコミュニケーションになりません。でも不思議なことに、親子だと通じてしまうのですね。もっと極端な例では、「水」と言わないのに子どもの前に「水」が出てきてしまうことさえあります。

子どもを見て「のどが渇いているだろうな」と察してしまうお母さんは、子どもが飲みたいものや飲ませたいものを先回りして出してしまうからです。

すると、言わなくても自分のほしいものが手に入る。言葉なんて必要ない。その結果、**言いたいことが言えなくなり、自分で考えたり思いを伝えたりすることができない子どもになってしまいます**。

したがって、まだきちんとお話ができない子どもだからと先回りしないでください。「○○ちょうだい」と言えるようになったら、お母さん以外の人にも自分の欲しいものが分かってもらえて、子ども自身が嬉しいのではないでしょうか。

もし、子どもが何か飲みたそうな顔をしたら、冷蔵庫のところに行って、こう言います。

「冷蔵庫さん、あったね。冷蔵庫のなかには牛乳が入っているよね。それから○○ちゃんの好きなジュースや、水もあるよね」（子どもが飲みたいであろう飲み物の名前をいくつか言ってあげる。単語がイメージできるように、ゆっくり話しかける）

次に、子どもが「牛乳」のときに反応（飲みたそうに）したら、

母「牛乳が飲みたかったの？　じゃあ『ぎゅうにゅう』って言ってみようか？」

子「えっ？」（ママ、なんでそんなことを言うの？　という表情）

母「『ぎゅうにゅう』って言ってくれたら分かるんだけどな。何も言ってくれないと、ママ、（○○ちゃんが）何が飲みたいのか分からないんだ」（ここでは、自分から意識してボールを投げないと、相手は受け止めてくれないことを伝えている）

子「にゅ！」（「ぎゅうにゅう」ときちんと言えなくても、子どもが自分から伝えようと発した言葉であればＯＫ）

母「上手!!」（自分から伝えられたことをほめてあげる）

もっと言葉が話せるようになったら、次のステップです。

母「『にゅ』って聞こえたけど、なんのことだろう？」（お母さんがとぼけてみせる）

子「ぎゅうにゅう」

（もし、言いたくないという感じのときは、「飲みたくないのかな」「残念ね、なんのことか分からない」と、もう一度挑戦してみてください。言えたら、明るい声で「どうぞ」と、あげてください）

単語が言えるようになったら、さらに次のステップに進みます。

母「『牛乳』って聞こえたけど、どうしたの？　牛乳こぼしちゃった？」（またお母さんがとぼけてみせる）。さらに、

母「牛乳ちょうだい、なの？　牛乳飲みたい、なの？」

子「牛乳ちょうだい」（「飲みたい」と言ったときは「そうか、飲みたいの」ととぼける。**自分の気持ちを表す言葉と相手を動かす言葉は違うことに気づかせる**）

ここから先は子どもの年齢や発達に応じて違ってきますが、「『牛乳ください』でしょ！」などと訂正してしまってはいけません。

言葉が定型化してしまうと、子どもの応用がきかなくなってしまいます。会話

はその場その場の状況で変わるものなので、何を話していいのか分からなくなって、フリーズしてしまう子どももよくいるからです。

このやりとりをご紹介すると、ずいぶん手間がかかる、と思ったお母さんもいるかもしれませんね。でも、プロローグでも申し上げたように、子どもは毎日の「生活」から日々、学習しているのです。

今、この場での、毎日のなにげないお母さんの言葉かけや行動が、そのまま子どもの「伸びる力」に大きな影響を与えます。

ここを省略して、きちんとした段階を踏んでいかないと、子どもが大きくなったときに、「こんなはずではなかった」という形になって、ご自分に返ってくることになりかねません。

逆に、ちゃんと行っておくと、子どもが難しい問題に直面したときに「小さいとき、コミュニケーションをとれるようにしておいて、よかった」と感じるかもしれません。どうぞ、小さいからこそ丁寧な子育てを心がけてください。

2

いい親子関係が「賢く素直な子」をつくる

「三つ子の魂百まで」ということわざがありますが、三つ子というのは昔でいう数え年なので、今でいえば満2歳。つまり、2〜3歳までに身につけたことが、その子の土台となっていきます。

でも、ここで誤解しないでいただきたいのは、「だから早期教育すべき」「早いうちから先取り教育を！」ということではありません。

0歳のうちから英語のレッスンに通わせたり、**人より早く計算ができたり、早く字が書けるようになったりすることよりも、「学ぶ姿勢（見る・聞く・考える）」を身につけることのほうがよほど大切です。**

「毎日○枚やるって約束したでしょ」

「お勉強を頑張ったら、ビデオ見てもいいわよ」

こんな言葉をかけた経験はありませんか？

幼児期に、いくら一生懸命に勉強の先取りをしても、このような環境に育つと、**結果的に「人にやらされている」という気持ちが育ってしまい、自ら意欲をもって学ぶ子にはならないでしょう。**

「学ぶ姿勢」は親子関係で決まる

「学ぶ姿勢」は、先ほど紹介したコミュニケーション能力のくり返しになりますが、「親子関係」が基となります。

「学ぶ」とは「まねる」ことだという人もいるぐらい、学習はすべて真似ることから始まるものです。

生後すぐの赤ちゃんでも、お母さんが舌を出したり入れたりすると、ジーッと見て真似をします。こうした**本来持っているはずの学ぶ力が、残念ながら、0〜3歳までの親子関係によってはどんどん低下してしまうのです。**

発育するに従い、

「なんで、こんなこともできないの?」

つい言ってしまいがちな言葉ですが、これは、**「自分はできない子なんだ」という自己イメージ（他己意識）を育ててしまう言葉なのです。**

工作にしろ、絵にしろ、積み木にしろ、

「ほら、それじゃ、ダメだって言ったでしょ。言うことを聞かないからそうなるのよ」

では真似る気持ちにはなりません。

「真似をしたくない」というのは、幼児にとっては学習したくないということに通じます。

「楽しいなあ。ほらほら、こんなのができた!」

と、大げさに言ってみてください。子どもは「お母さんみたいにやってみようかな」という気持ちになります。**子どもは興味のある仲間や人のことしか真似ません。**

つまり、「学ぶ（真似る）姿勢」を身につけるためにお母さんがするべきことは、**「お母さんの真似をすることが楽しい!」と子どもに感じさせることなのです。**

「やらされている」子どもは自分から勉強する子にはならない

まずは感動！　まねる楽しさ、できる喜びを

親子関係と自己肯定感、そして頭のよさとの関係

教育関係者だけでなく、メディアでも「自己肯定感」という言葉がよく使われるようになりました。

自己肯定感とは、自分はかけがえのない価値ある存在であると自分自身を認める感情のこと。自己肯定感が低いまま大きくなってしまうと、自分に自信がもてず、何をやっても臆病になり、人間関係もうまくいかないといわれています。

幼児期に自己肯定感をもたせてあげることは一生の宝になるでしょう。

さて、この自己肯定感、いったいどうすれば高まるのでしょう？

ほめて伸ばす？

いえいえ、「上手！　上手！」「いいね」と、ただほめても自己肯定感は上がりません。最近はほめることだけがよいことのように思われているようですが、叱ったからといって、心に傷がつき自己肯定感が下がるといった単純なものでもありません。

でも、日々の親と子の関わりが子どもの自己肯定感につながるという点に、ちょっとこわいとお感じになる方もいるでしょう。

ポイントは、**「親が自分をどうとらえているかが、子どもにとって大きい」**ということです。

頬ずりや抱っこをたくさんしてもらっている子は「自分は愛されているんだ」と感じ、自己肯定感が高くなる。しっかりしていて手がかからないからと、あまり肌にふれてもらえずほうっておかれる子どもは、「自分は何かいけないことをしているんじゃないか」「自分なんていなくてもいいんだ」と自己肯定感が低くなる。こういったことは容易に想像できます。

これらは親の言動から子どもが感じた自分に対するイメージ、つまり、他己意識そのものなのです。

なにげない言葉のやりとりのなかで、

「お母さんが、ありがとうと言ってくれた」
「お母さんが、うれしそうな表情をしてくれた」

「目を見て、ちゃんと話を聞いてくれた」

ということは、子どもにとって「かけがえのない一人の人間として、ぼく（わたし）を認めてくれている」ということになります。

子どもは自ら周りのものにふれ、いろいろ試すようになります。子どもにとって一番身近なお母さんとの関係がよければ、情緒的に安定し、素直な子に育ちます。

素直であるからこそ、いろいろなことを吸収し、できたときの喜びを知っているから学習する意欲も高く、結果的に頭のよさにつながっていくのです。

3
「できた！」の喜びをどんどん積み上げましょう

「どうしたら、子どもはやる気になるのでしょうか？」

お母さん、お父さんからよくいただくご質問の筆頭がこれです。

言葉や言い方の問題のように思いがちですが、その前に、「〇〇ができた！」という喜びの体験が必要です。

何かができたという喜びがなく、目標だけ与えられても、子どもは頑張れません。

小さなことでよいので、「できてよかった」と思えるよう、

「こんなふうにできるんだね、すごいね」と、できたときの喜びを共感してあげましょう。

0歳からのやる気の引き出し方

小さな喜びなら日常生活の中でたくさん経験させてあげることができます。

たとえば**0歳児なら、靴下を引っ張って脱げたというだけでも、いいのです。**

子どもの場合、たったそれだけで大喜びします。援助した私も嬉しくなってしまいます。方法はこうです。

ちょっと引っ張れば、すぐに脱げるようにしておきます。脱げたら、

「わー、すごいね。やった!!」

と言葉に出してあげると、0歳児でも嬉しそうな顔をします。


1歳前後の子どもは、今までできなかったことができるようになったとき、手をパチパチ叩いて身体全体で喜びを表現します。それに少しでもご自分が関わっていたら、互いの喜びが倍増し、親子で笑顔になれます。つまり、お母さんはそんな素敵な存在なのです。

コップで飲める喜びを知らせたい場合は、こんなふうにしてみてください。

エプロン（下に受けがあるもの）などを子どもにつけ、こぼしてもいい状態にしてコップで飲ませてみてください。

時々でも口の中に上手に入ったら、

「わあ、上手。パパとママと同じだ。コップで飲めたねえ」

とほめてください。こぼれたら拭けばいいだけなのですから、こぼれたことをわざわざ子どもに注意する必要はありません。

そのステップを面倒に思って、**「上手に飲むのは、この子にはまだ無理」「こぼされると大変」と親の都合でこのプロセスを省略しないでください。**これも立派な（?）他己意識。いつまでたっても一人でできる子、自立する子になりません。

コップの水をこぼされるのがイヤなら、どんなに揺れてもこぼさないくらいの量を入れればいいのです。親のほうも、子どもの目線に合わせて工夫してあげましょう。

「大きくなれば、みんなコップで飲めるようになるから」。たしかにそうです。でも、この場合、コップで飲むこと自体が目的なのではありません。将来やる気につながる達成感、その基になる成功体験を知らせることが目的なのです。

誰かがコップで飲んでいるのを見てコップをほしがったときは、その子にとってコップで飲めるようになる〝**チャンスのとき**〟なのです。そこをうまく拾ってあげると、**子どもは、母親のちょっとした工夫や手助け（援助）で、できたという喜びを知ることができるのです**。

お母さんたちの喜びは、子どもの心からの笑顔なのではないでしょうか。

小さな日常のなかのことですが、脳育グッズなどで遊ばせるよりも、これはずっと効果的です。わざわざ子どもを伸ばすための時間をつくる必要はありません。「こういうもので遊びましょう」ではなく、「こんな遊び方もあるよ。楽しいよ」と見せてあげてください。やる気を育てるには、いろいろな場面で主導権を握らないように気をつけてください。そして、子どもができなかったら、ちょっとした手助けをしてあげてください。

0歳、1歳、2歳くらいまでに日常生活のなかでの「できた！」をたくさん経験させてあげましょう。

そのとき、あなたの心には、**「この子は伸びる子なんだ。私は伸びる機会に、ちょっ**

とだけ手を貸してあげればいいんだ」という思いが湧いていると思います。その思いが子どもに望ましい他己意識を与えることになります。

「全体」ではなく「部分」をほめる

子どもが描いた絵を「○ちゃんは絵が上手ね」とほめていながら、その絵をしまい込んだり、捨ててしまったりしていませんか?

これではやる気や自己肯定感は育っていきません。むしろ、口先だけのほめ言葉だと子どもは見抜いてしまいます。

では、どのようにほめればよいのでしょう。5歳くらいになれば、自分が絵を描くのが得意か不得意かが分かってきます。ですから、無責任なほめ言葉によって、かえってお母さんへの不信感が生まれてしまいます。

私なら、できるだけ部分をほめます。

「この青と黄色の組み合わせって、すごくステキね」

「このおうちの屋根、よく描けてるね」

というように。実はきちんと見ていないとできないのです。

全体を漠然とほめるのではなく、部分をほめることによって、子どもは「お母さんは、自分のことをちゃんと見てくれている」と感じます。そのうえで、ほめてもらったことで、自己肯定感が高くなるのです。

次に、子どもが手がけたものは大切に扱ってあげましょう。私はお母さん方に、

「子どもが描いたなにげない落書きも冷蔵庫などに貼っておいてください」

と言います。

これを実行したあるお母さんが、嬉しそうに、

「先生、子どもの絵を貼ってあげたら、主人が帰ってきたとき、『あれ、ぼくが描いたんだよ』と一生懸命説明していました」

と報告してくださいました。

自分の作品をお母さんが大切に扱ってくれている様子は、子どもにとってどのような意味があるのでしょう。

言葉で「上手ね」と言うよりも、飾ることで「ぼく（わたし）は大切な存在なんだ」という気持ち（他己意識）を伝えてくれるのです。

4
すぐ泣きやんで、気持ちを切り替えられる心を育てる

子どもは自分の要求が通らないときや、ぐずっているとき、抱っこされても泣きやまない場合があります。そっくり返って泣いたりするときもよくあります。

そんなときは、どうなさっていますか？

いくら「泣かないのよ」となだめても効き目はありません。しかも、泣き声はますますヒートアップしていきます。

それは、自分の泣き声に興奮し、ますます泣き続けて声が大きくなるからです。

そんなとき、**子どもが「お母さんが抱っこしたら、安心してすぐに泣きやむこと」を学習できれば、お母さんはどんなにラクでしょう。**

気持ちの切り替えができれば、自己コントロール力（自律心）を育てることにもなります。

☆抱っこしても泣いていたら、下ろす

抱っこされても泣きやまないのは、お母さんの胸がその子にとって「安住の地」になっていないからです。

そこで私の教室では、お母さんに抱っこされても泣きやまないとき、たとえ10か月のお子さんでも、次のようにお母さんに話します。

「どんなにイヤなことがあっても、ママに〝抱っこ〟されたら泣きやむことができるようになるといいですね。やってみましょうか。〝抱っこ〟しても泣きやまないようでしたら下ろしてくださいね」

こんなことを言うと、たいていお母さんは驚きます。子どもがかわいそう、と思うのでしょう。

でも、「わが子が気持ちの切り替えができる子に育ってほしい」「自律心を育てたい」と思うなら、試してみてください。

今までは泣いていても抱っこをしてくれていたのに、抱っこをしてもらえないので

すから、子どもは余計に怒って泣きます。でも、子どもはどんなに泣いていても親の言葉はしっかり聞いているものです。

「〝抱っこ〟してほしいの？　それじゃ『抱っこ』って言ってみようか？」（ベビーサインでもＯＫ）

と優しく話しかけ、もう一度抱き上げます。それでも泣いているようならまた下ろします。下ろすと、また怒ったように泣き出します。

「〝抱っこ〟してほしいよね。ママも〇〇ちゃんを〝抱っこ〟したいな。でも怒りん坊していると〝抱っこ〟してあげられないの。〝抱っこ〟したら、泣くの、がまんがまんできるかな」

そして抱き上げます。子どもが泣いたら、また下ろします。

「こまったなあ、ママも〝抱っこ〟したいのにな。〝抱っこ〟したら泣かないでね。がまんがまん」

抱っこしたら泣かなくなるまでこれを何回かくり返すことで、「抱っこされたら泣きやむ」ことを子どもは学習するのです。

ここで注意したいのは、下ろした子どもが泣きながらお母さんの体の一部やスカートの裾《すそ》などをつかんでいれば、泣きやむことはないということです。なぜなら、お母さんの体の一部にふれているということは、「今の自分の状態をママは許容してくれている」と子どもは感じるからです。

ですから、子どもを下ろしているときは、子どもと向かい合い、お母さんの手は子どもの脇に入れてまっすぐに伸ばしましょう。こうすると、子どもの腕はお母さんの腕よりも短いので、抱きつきたくても抱きつくことができなくなります。

また、抱っこや下ろすをくり返すとき、**必ず子どもの表情を見るようにしてください。** 怒っているようなら、話しかけるだけで、抱っこをしないでください。悲しそうな表情のときに抱っこしてあげるのが成功するコツです。

お母さんは怒る必要も、怖い顔をする必要もありません。 ただ形の上だけ、自分の体にふれさせないようにしましょう。

ここで初めて子どもは、「今までは泣いていたら抱っこしてくれたけれど、今の状態ではママは受け入れてくれない」ということを理解するのです。

最初は大きな声で泣いていた子どもも、だんだん小さな声になっていきます。泣き方も怒りのような強い泣き方から、甘えたような小さな声になります。

そして最終的にお母さんの胸の中に抱っこされたとき、まるで3か月頃の乳児のようにお母さんの肩に頭をぺたんとくっつけて、安心したように「抱っこしてほしかったの」と話しているような泣き方になるのです。その姿は本当にかわいいものですよ。

ここで「眠いから泣いているのでは?」「どこか痛いのかしら」「それなのに下ろすなんて!」と思われる方もいると思います。

もちろん、眠かったり痛かったりして泣いているのなら、寝かしつけたり痛い個所を探してあげてください。

でも、そうではないとお感じになるのなら、気持ちを強くもって考えてください。「泣いて怒ればいい」と思う子に育つのと、感情をコントロールできる子に育つのと、どちらがいいかを。

☆「おくちキュッ」で泣きやむ方法

もう少し大きくなった子どもの場合は、抱っこをしなくてもできる次の方法を試してみましょう。1歳児ぐらいからやっておくと、お母さんは本当にラクになりますよ。

泣いているときに、

「泣くのをがまん、がまんね。おくちをキュッ」

と言うのです。口をキュッと閉じるように伝えて、泣かないようにする方法です。

すると、子どもは「そんなこと言ったって泣きたいんだよ」というような顔をします。

泣いているときは必ず〝間歇期《かんけつき》〟といって、泣き声が途切れるときがあります。それを逃さず、

「わあ、上手！　今、声が少しだけ小さくなったわよ」

「今、上手におくちキュッってできたね」

と言います。

少しずつ泣き声が小さくなってきたら、

「だんだん声が小さくなって、おくちキュッができるようになったね」
と言って認めてあげましょう。こうして、**まずは子どもの泣き声を小さくすることと、または口をぴたっと閉じるように伝えることがポイントです。**

なぜなら、先ほどもお話ししましたが、泣いているときの子どもは、自分の泣き声で余計に興奮して泣くものだからです。**一度泣くと、自分の気持ちをどこに納めたらいいのか分からなくなるのが子どもですね。**

ある男の子（1歳児）はダダをこねると泣きやまず、お母さんは困り果てていました。そこで私が、この「おくちキュッ」の方法をお伝えして何度かやってみたところ、どんなに怒っていても泣きやむようになり、お母さんは「本当にラクになりました」と嬉しそうにおっしゃっていました。

ここで大切なことは、**怒って泣いたりしなくても、「おくちをキュッとして泣きやんだら、お母さんは、ぼく（わたし）を受け入れてくれて、またコミュニケーションが始まるんだ」ということを学習させてあげることです。**

実際のところ、この方法は発育すればするほどエネルギーが要《い》ります。

なかにはお母さんのほうが我慢しきれずに抱っこしてあげたり、泣きやむ前に受け入れてあげたりしてしまうことがあります。でもここはお母さんも我慢です。子育ては「根気と忍耐」そのものだからです。

「泣きやませるのはかわいそう」と思っていませんか

赤ちゃんは泣くのが仕事といわれます。

ですから、なかには「そうまでして泣きやませる必要があるのか」「泣きやむまで受け入れてあげないのはかわいそう」と思うお母さんもいるかもしれません。

子どもの泣き声を聞くと、どんなお母さんでも精神的に追い詰められたような気持ちになるものです。

けれども、抱っこしたら泣きやむようになったり、「おくちキュッ」と言っただけで静かにできるようになると、何よりお母さん自身が精神的にラクになりませんか。公衆で泣かれて困ることから解放されるのです。

泣きやんでくれるようになってくれたら、コミュニケーションのレベルが上がります。

わーん
わーん
イヒヒ
大泣きすれば
OKだ
もんねー
もういい加減にして〜!!
わかったわ
このお菓子
食べていいから

泣くのはがまん!
おくちをキュッ
ピタッ
泣きやんだら、
ママと
お話が
できるん
だー
すごい!
上手に
できた
ね!

小さな子どもが泣くときは、思い通りにならなくて、自分がやってほしいことを手に入れたいから、言葉で伝える代わりに泣いていることが多いのです。

怒っているときは、とくに大人に「言うことを聞け！」と言っているのですね。これでは言葉の必要もなく、一方的だと思われませんか。

よく「泣いているときには何を言ってもダメなので、まず抱っこして気持ちを落ち着かせてから声をかけましょう」とか、「我慢させないで心ゆくまで泣かせてあげましょう」というアドバイスがありますが、それは本当の意味で子どものことを考えているといえるでしょうか。

あるお母さんは、「泣きやむようになって、自分の話を子どもが聞いてくれるようになりました」とおっしゃっていました。

泣きやませるのは、泣くのを我慢させているだけではなくて、「まずは泣くのをやめて、お母さんのお話が聞けるかな？」と誘導することなのです。

子ども自身の立場からすると、自分から「泣かないほうがいいんだな」と学習することによって、なぜか分からないけれど、「おくちキュッ」としたら泣きやんでいた、気がついたら泣かないですんでいた、ということなのです。

5

お母さんが〝お世話ぐせ〟をやめると、「自分からやる力」が育つ

お母さんはどうしても、子どもの〝お世話〟をしがちです。

日々の育児に追われているお母さんは、乱暴なわが子が悪さをしないかと後をついて回りがちです。裏を返せば、いつまでたっても「うちの子はまだ何もできない」と思っているからではないでしょうか。

実は、これも他己意識。お世話すればするほど、

「ママやパパが後始末をしてくれる。何もできない赤ちゃんのままでいいんだ」

と子どもは思ってしまいます。

いろいろ周りの人にやってもらうことに慣れると、自分でできることが増えていきません。その結果、自信がなくなり自己肯定感は低くなってしまいます。

たとえば、子どもが積み木をしているとき、お母さんはつい子どもの手をとって「こ

うやって積むのよ」としてしまいがちです。また、積み木の持ち方が違えば、「持ち方が違うわよ」と持ち替えさせたりしてしまいます。

すると子どもは、お母さんが隣にいれば上手に積み木ができるけれど、一人ではできない。それどころか、積み上げるときに「手伝って！」というように親のほうばかり見る子になってしまいます。

積み木の持ち方一つですが、行きすぎた**〝お世話〟が、子どものやる気の芽を摘んでしまうこと、試行錯誤をする機会を奪っている**ことにもなりかねません。

小さな子どもは、いろいろなことが一人でできないのは当然のこと。そのときにサポートされていると子どもが感じないように大人が手助けすることで、子どもはいろいろなことができるようになっていくのです。つまり、お母さんのサポート一つで、子どもの学ぶ力は伸びていくといえます。

☆「子どもに考えさせる」サポートを

では、具体的にどんなサポートをすればいいのでしょうか。

この積み木の例でまず伝えたいのは、「積み木を積み上げるのが楽しい」ということです。

ただ「ここに積み上げてみるとおもしろいよ」という言い方だけでは、子どもはやる気にはなりません。

子どもは積み木を積み上げるより、壊すことの楽しさのほうが大きいものなので、「ママ怪獣が壊しちゃうぞ〜、エイ！」と言って崩すと、子どもは間違いなく、自分もやってみたいと思うはずです。そうしてやる気をアップさせたうえで、初めて積み上げることをするのです。

積み上げるときも、

「ここにとんがりさん（四角い積み木）があるね。〇〇ちゃんのお手々の（積み木の）とんがりさんもママと同じところに置いてみようか？　そーっとそーっと置いてごらん」

と言うと、子どもは「どうやって、そーっと置くんだろう」と考えるようになります。

この**「子どもに考えさせる」ことが、将来の学力を伸ばす意味でとても大事です。**

なにげないひと言で「頑張る自分」が好きになる

ひと口にサポートといっても、いろいろな種類があります。前の項目で紹介した積み木のように、うまくいくための情報を与えてあげるサポートは最も分かりやすい例でしょう。

母親からのサポートは、子どものやる気を引き出し、努力する喜びや、〝頑張る自分〟が好きな子にさせる効果もあります。

たとえば、子どもが頑張って集中して絵を描いているとします。その最中に、「○○ちゃんは本当によく頑張るよね。疲れたって言うかと思ったけど、ここまで描けたものね。ひょっとしたら、このあとも頑張れちゃうんじゃない？」

と声をかけます。

これは何かをしている「最中」であることがポイント。過程をほめるのです。

終わってから「頑張ったね」では、サポートではなく評価そのものになってしまうからです。

お母さんの声かけで、子どもは「お母さんは自分をそういうふう（頑張れる子）に見ていてくれるんだ、じゃあ頑張れるかも」と思うのです。まさに他己意識ですね。

すると、**頑張る自分が好きになり、頑張れたことで自己肯定感が高まるので、どんどん努力ができる子になっていきます。**

人は本当に頑張って努力したことをほめられ、評価されると嬉しいものです。大人でもそうですよね。手抜きをしてどんなに人からほめられても、嬉しくないはずです。そういう意味で、努力ができる子になっていなければ、成長するに従って自己肯定感は下がっていくと思えます。

お母さんができることは、子どもが何かに取り組む場合、最後まで頑張れるよう、努力ができるようにサポートすることだと考えます。

6

「いつもこうなんだから！」はNGワード

お母さんたちは、ときに「○○な子になってほしい」と思いながら、その反対方向に導いてしまうことがあります。

「いつもこうなんだから！」

と叱っているお母さんを見かけることがあります。

わが子のことを一番よく知っているお母さんだからこそ出てくる言葉ですが、この「いつも○○なんだから」は、できるだけ避けたほうがいいでしょう。

なんといっても、お母さんの言葉は絶大な影響力があるからです。

「ぼく（わたし）はいつも○○で失敗する子なんだ」

という自己イメージ（他己意識）を植えつけてしまうからです。

間違った言葉かけ通りの子どもになる

子どもは、「グズグズしないで」「まったく遅いんだから」と言われたら、その通りにグズでノロマな行動をします。

「やんちゃでいつも先生に怒られるんだから！」と言えば、やんちゃな行動をします。

皮肉なことに、親が望まない方向の自己イメージ（他己意識）を親が植えつけてしまうのです。

間違った言葉かけをしてしまったと思ったら、どこかで断ち切らないといけません。

たとえば、「甘えん坊」という自己イメージをもつ子どもがいたとします。

人間は本来怠け者なのではないでしょうか。子どもの場合も、ラクができると思えば、その言葉に乗り、なかなか甘えん坊をやめません。お母さんが洋服を着替えさせてくれるなどメリットが多いからです。

そんなとき、お母さんはきっぱりこう言いましょう。

「もう○○ちゃんは○歳になったんだから、お母さんはお着替えを手伝いません」

と。すると子どもは「ママ、もう着替えさせてくれないのかあ」と渋々認めるものです。

他己意識を上手に使って、子どもの成長を後押ししてあげましょう。

☆「早く早く」と言う代わりに、この手を

忙しい朝はとくに、子どもに「早く早く！　もう、遅いんだから！」などと言ってしまうことがあるのではないでしょうか。

お母さんの口ぐせで、最も多いのが「早く早く」です。しかし、**「早く早く」とせかせば、子どもの行動が早くなるかというと、残念ながらそうはなりません。**

急がせれば急がせるほど、まるでお母さんを困らせるかのように子どもの動作が遅くなることがあります。

理由は、ここまで読んだ方はもう分かりますよね。

「ママは、ぼく（わたし）のことを『遅い』と思っている。だから遅くていいんだ」

ネガティブなイメージを植えつけない

という他己意識を子どもに植えつけてしまっているからです。

子どもに早く支度をしてほしいときは、ゲームにしてしまうといいでしょう。

母「ママは急いで□□をやるから、○○ちゃんもママが終わるまでにできる？」
子「できる」
母「よし！　どっちが早いか競争！　早くしないとママ、終わっちゃうよ」

といったように。

忙しい中のことです。なかなか簡単にはできないと思いますが、お母さんはどんなに頭の中がカッカしていても、子どもの前ではそれを出さないようにする必要があります。

母として、子どもの伸びるはずの芽を伸ばすためには、「ありのままの私」ではなく、ときには「女優」になるのです。

子どもの感性を育てるうえでも、お母さんの演技力は重要です。

「わー、きれいな葉っぱ見つけちゃった！」
「ほら、見てごらん。ここに真っ赤なテントウムシがいるよ。ママのところまでピューッと走っておいで」
といったように、**オノマトペ（擬音語、擬声語、擬態語）を使って楽しそうに言ってみましょう。**

子どもの意識がお母さんのほうに向いたうえで、身の回りのさまざまなことに興味や関心をもたせてあげましょう。そして、正しい言葉も伝えてあげましょう。

やる気をもつ子に育てるには、日常生活のなかで、お母さんがどれだけ子どもの心を動かせるかが勝負です。

ぜひ、お母さん自身も女優である自分を楽しんでください。

7

「叱る」を通して、考えられる子に

「子どもの心が傷つくから」「子どもがかわいそうだから」と、わが子をなるべく叱りたくないというお母さんが増えています。

でも、〝怒る〟と〝叱る〟は違います。

〝怒る〟というのは、いけないことをしたときに感情的に制止したり禁止したりする行為。通常は「**ダメ！**」。

なんでいけないのかが知らされていないため、「**怒られて不快な思いをした**」と**受け止めるだけで、何回でも同じ行為をくり返します。**つまり、教育的効果がないことも少なくありません。

一方、〝叱る〟というのは、「物事の概念や価値観を伝えること」だと私は考えています。それによって、子どもは、やっていいことと悪いことを学習していきますが、

叱るという行為は、「親の価値観の委譲」ともいえる大仕事だと思っています。

「イスに立つ子」には本来の使用法を教える

子どもは高いところに上るのが大好きです。

とくに男の子の場合、イスによじのぼったあと、立ち上がって跳ねたりすることもよくあります。

「イスから下りなさい」「危ないでしょ！」と言いながら子どもをイスから下ろしたと思ったら、また上る……よく見る光景です。

子どもにとって、イスは座るものという概念がまだできていないのです。

また、お母さんは「下りなさい」と言いながら最初は下ろします。でも、何度もくり返すうちにまた上るのが分かっているので、お母さんのほうも下ろさなくなります。

すると子どもは、「お母さんは口では下りなさいって言っている、でも、ぼくはイスの上にいる。ということは、お母さんの言うことは聞かなくていいんだな」と学習してしまいます。

知らず知らずのうちに、「お母さんの言うことは聞かなくていい」というメッセージを送ってしまっているわけです。

たとえば病院の長イスの上を歩いたり、通路を走り回って遊んでいる子どもに「〇〇ちゃん、走り回ったらダメよ」と言うお母さんはいても、本当に子どもを追いかけて、自分の隣に座らせているお母さんはどれくらいいるでしょうか。

きっとその根底には「何度言ってもこの子はまた上るし、私の言うことも聞かないから」という、子どもの他己意識につながるお母さんの思いがあるからです。すると子どももそのイメージ通りになってしまいます。

こんなときは、まず子どもにこう聞きましょう。

「おイスって何するもの？……おイスは腰かけるもの。おしりさんを乗せるものだよね。あれ、〇〇ちゃんは〝たっち〟しているね。〇〇ちゃんにとって、おイスはたっちするものなの？　おんりしないの？」（威圧的に言わないで、子どもに考えさせる）

それでも下りなかったら無理に下ろさず、そのままにしておきます。しばらくしてお菓子を食べたり、絵を描くといった状況で、子どもがイスに座ろうとしたら、

「あれ、〇〇ちゃんにとって、おイスは〝だっち〟するものなんでしょ？　どうぞ、たっちしてください」

と言って、イスに立たせてしまいます。

「座らせてもらえない」と思った子どもは、怒ったり泣きだしたりします。そのとき、「おイスは〝おすわり〟するものだったね」

と言ってから腰かけさせると、子どもはほっとした表情になってイスに上りたくても上らなくなります。

もし、「おイスに〝たっち〟すると危ないんだよ」と伝えても下りない場合は、お母さんの言葉通り、〝イスに立つと危ない〟という状況をつくってみてください。

お母さんが言葉で言っても危険が起きなければ、子どもはイスの上に立っていても大丈夫だ、と思うからです。

たとえば、子どもがちょっとビクッとする程度にイスを揺らします。もちろん、万が一落ちてもケガのないように、周囲に注意をしながらやってくださいね。

そしてお母さんにしがみついてきたら、「ね、こうすると危ないでしょ。だから、おイスの上に上らないのよ」と伝えます。

発達に合わせて言葉かけを変えましょう

4歳くらいになると、同じことをやっても、「今のはお母さんがわざとイスを揺らしただけでしょ」と言う子どもも出てきます。そんなときは、「そうか、たしかにさっきはママがイスを揺らしたけど、今度もし、お友達が走って来てイスにぶつかって、○○ちゃんがイスから落ちてケガをしても、ママ、何もしなくていいよね。だって、イスに立つのは危ないって分かってるのに、そうしているんだから」

と、その子の年齢や発達によって言葉かけを変える必要があります。

知っているのにそれを行わないのは自己責任だよということを伝えるのです。

こうして「叱る」という行為によって、本来のものの使い方や概念を子どもに伝えるのです。ものの良し悪しを判断できる子にしてあげたいですね。

8 お友達との〝トラブル〟は〝チャンス〟のとき

叱るという行為には、その親（家庭）の価値観が大きく反映されるというお話をしました。

たとえば、お母さんの「お友達の前に割り込んだら、お友達は嫌なんじゃない？」という叱り方は、「人が嫌がることは、やめたほうがいい」というお母さんの価値観を伝えていることになります。

このときにもし、お母さんが心の中で「やめようね」と思っていても、ひとつひとつ口に出さなければ、子どもは「やっていいこと」と思ってしまい、その行為を許してしまうことになります。

成人したときに、親とはまったく違う価値観をもつ子どもに育ったら、と想像してみてください。きっと何かにつけて行き違いが生じてくることでしょう。

教師の場合、どんなに価値観を伝えようと思っても、その子どもに関われる時期はその子の人生のほんの一時期です。でも、親子関係は、どんなに疎遠になろうとも、一生切っても切れないものです。

子どもを叱るときは、どうしても感情的になってしまうものですが、一瞬でもいいですから、「叱ることで、わが子に何を伝えたいのか」を意識してみてください。

「乱暴はやめなさい」より効く叱り方

お友達との小さなトラブルは、子どもに考える力をつけさせるチャンスです。

幼い子どもは、自分の気持ちをうまく表現できないため、お友達をドンと押してしまったり、持っているものを取り上げてしまったりします。

そんなとき、お母さんは、相手の子どもに「(うちの子が) ごめんね」と謝ったり、わが子に**「ドンしちゃダメ」「もうしないのよ」**と言ったりしますが、**子どもは自分の行為によって相手に何かダメージを負わせるということを理解していません。**何度叱っても、その行為をくり返す結果になります。

子どもが1歳など幼い場合、脳からの指令が指先まで行くのに時間がかかります。自分の手が相手を押したにもかかわらず、その行為が相手を泣かせたということを理解していません。

そこで、**子ども自体を叱るのではなく、相手を押した手のほうを指摘する**やり方があります。

相手のお母さんに謝ったうえで、わが子に、

「○○ちゃんのお手々が、今お友達をドンってしたでしょう。ドンってしてよかったのかな。……ドンってしてていいの？」

子どもがどうしよう、という感じでいたら、

「このお手々がいけなかったんだね。このお手々にもうしないでねって、しようか」

と言って、子どもの両腕を母親が持ち、ドンと押したほうの手に、もう一つの手でペン、という感じ（ドンした手を自分の手で叩く）にします。

こうすると、次にいけないことをしようとするときに、子どもは自分の手をじーっと見つめ、ものを投げたり、友達を押したりしなくなります。

少し母「ほら見てごらん、お友達が泣いているよ。今、このお手々がおもちゃを取っ

たんじゃない？　そういえばこのおもちゃ、お友達が持っていたものじゃないの？

このお手々、エイって取っちゃってよかったのかな？」

子（よく分からないまま）「うん」

母「じゃあこのおもちゃ、取ってもいいんだ？」

（おもちゃを取り上げる、子どもが泣く）

母「そうでしょ、エイって取っちゃったら嫌だよね。○○ちゃんがほしかったら、『かして』ってしようね。そうすればお友達も『どうぞ』ってしてくれるかもしれないよね」

この後、子どもの手で手をペン、とする過程は同じです。そのうえで、「お友達にごめんねってしようね」と言って謝らせます。


ところがこの方法は、3～4歳になってくると効かなくなります。叱られると、「このお手々がやったの！」と言い訳に使う子が出てくるのです。そんなときは、「そうなの？　その手は誰の手なの？　○○ちゃんの手じゃなかったの？　こんなに大きくなったのに、そんなことを言うなんて。自分の手は自分の脳が命令しているはずなのに、赤ちゃんみたいね」

少し厳しいようですが、そう言った後は何も言わず、謝ることも誘導しないようにします。そのほうが、その子は自分のとった言動を反省するからなのです。

こうしたことをくり返すことで、子どもが誤った行動をとらなくなるだけでなく、少しずつ自分自身をコントロールすることができる子どもに成長していきます。

☆ お母さんは裁判官にならないで

お友達が先に遊びたいおもちゃを取った、怒ってお友達の手を叩いてしまった……。
そんなとき、お母さんがついやってしまいがちなのが、こんな言葉かけです。
母「△△ちゃん（お友達）、ごめんね。〇〇ちゃん（わが子）、お友達にごめんなさいって言いなさい」
子「（渋々）ごめんなさい…」
母「はい、仲直り！」
きょうだいゲンカの場合も同じですが、こうして**お母さんが「裁判官」になってしまうと、子どもは最終的にものを考えない子どもになります。**

考えなくても、お母さんが全部やってくれるからです。これでは子どもは何も学習せず、何がダメのか分からないままです。

どんなに小さな子どもでも、何がいけないことなのか（いきなり取った・最初から貸してくれないと思って叩いたなど）知らせてあげてください。そして、どうすればケンカにならずにすんだのかを考えさせてください。

「あなたはそれをちゃんとできる子だと思っているから言っているのよ」というお母さんの思いは必ず伝わります。

お母さんが「ダメ」の2文字ですませていると、子ども自身もほかの子どもに対して雑な言い方をするようになるばかりか、自分自身も雑に扱うようになってしまいます。

お母さんにとって子どもは大切な存在。だからこそ大切に育ててほしいのです。

子どもを一人の人間として見たときに、どういうことが分かってほしいかを考え、面倒でも丁寧に伝える手順を踏む必要があるのではないでしょうか。

9 「明るい未来につながる言葉」が子どもの自主性を育てる

子どもが目を輝かせ、何かに夢中になっている姿を見るのは、親にとって嬉しいものです。反対に、子どもが何かから逃げたりいじけたりする姿は見たくないものです。

そんなとき、「あきらめずに取り組んでほしい」という思いから、つい、**「頑張れ！」**と言ってしまうことも多いのではないでしょうか。

子どもにしてみれば、「頑張っているのに……」「そんなことといったって、何をどう頑張ればいいの？」といった思いを持ち、「ママ（パパ）は分かってくれない」と感じ、余計やる気をなくしてしまうことがあります。

そんなときは**子どもの気持ちを代弁してあげましょう。すると、「そうなの、分かってくれたのね」と気持ちが明るくなります**。子どもも大人も一緒ですね。気持ちに寄り添ってあげることで、今一度やる気をもたせることができます。

「頑張れば、できる！」では前向きな気持ちになれない理由

「子どもには前向きな言葉をかければいいのは分かっていても、具体的にどうすればいいの？」

というお母さんからの質問がたくさん寄せられます。そんなときは、**自分の言葉かけが、その子の「明るい未来につながる言葉」になるかどうかを意識してみましょう。**

お母さんがポジティブな言い方のつもりで使っているのが、

「頑張れば、できる、できる！」

「そんなの、できる！　大丈夫、大丈夫」

という言葉。子どもを励まそうとしているのはよく分かるのですが、実は、子ども本人は「できない」と思っているから、しょぼんとしているのです。

子どもの明るい未来につながる言葉かけとは、たとえば次のようなものです。

「○○をしたときなかなかできなかったけど、頑張ったら素敵な△△ができちゃったんだよね。すごいって、ママ思っちゃった！　○○ちゃん、おにいさん（おねえさん）になったね。……もう一度、やってみる？」

「やってみようよ」ではなくて、「やってみる？」と、やるかやらないかの判断を子ども本人にゆだねるところがポイントです。

なぜ、「さあ、やってみよう」と励ましてはいけないのでしょうか。それは、誰かが乗せてくれないと、やらない子になってしまうからです。本人自ら気持ちを前向きにコントロールすることにはつながらないからです。

子どもは「頑張れ」という言葉よりも、その子が頑張ったときの具体的な体験を思い出させることで、頑張るとはどういうことかを〝イメージ〟し理解することができます。そして、お母さんが自分をそのように認めてくれていると感じ（他己意識）、頑張れるのです。

そのためには、日頃から子どもをよく観察することが大切です。

「親はちゃんと自分のことを見てくれている」「親は自分のことを理解してくれている」と思えれば、自己肯定感が高まり、そう感じる相手には素直になるものです。

もう一つ、「おにいさん（おねえさん）になったね」と、他己意識（自己イメージ）を生かした伝え方にも注目してください。

子どもなりに「そうか、親はぼく（わたし）のことを〝おにいさん（おねえさん）〟ととらえているのか。だったら、その期待を裏切らないようにしよう」となります。

言葉かけ一つで、子どもを「なんでもしてもらえる赤ちゃん」から、「頑張れるおにいさん、おねえさん」に変えることができるのです。

余談になりますが、「できる、できる！」という一見励ましに見える言葉の裏には、「ほかの子がやっているんだから、うちの子もやらせなくちゃ」「みんなと一緒にやらせたい」というお母さんの焦りがあるように思います。

無意識にですが、「（子どもが）みんなと同じように最後までやった」という結論を導くために発した言葉だといえないでしょうか。

「〇〇ちゃんはいい子」の落とし穴

ポジティブな言葉かけというと、

「〇〇ちゃんはいい子〜」

と、「いい子」を連発するお母さんはどうでしょうか。

「いい子」というイメージを親が与え続けると、「いい子」に育つのでしょうか。

たしかに、「いい子」と言われて大きくなると、子ども自身も「いい子」を意識するようになります。ところが、

「ぼく（わたし）はいい子じゃなかったからできなかった」

と言い出すことがあります。すると、お母さんはあわてて、

「そんなことないよ。〇〇ちゃんはこんなこともできるからいい子よ」

などとフォローしたりします。

でも、そもそも、誰にとってのいい子なのでしょう。

いい子と言われている子は、花壇のお花を摘んで帰りたいなと思っても、「私はい

い子だから、花壇のお花は摘んじゃいけないんだ」と思うでしょう。逆に、「花壇の花を摘むのは悪いことだって知っているけど、ぼく（わたし）は悪い子だからやっちゃうもん！」と、摘んでしまう子もいるかもしれません。

「いい子」は評価につながる言葉です。決して悪い言葉ではありませんが、逆に評価ばかり気にする子どもになってしまう可能性があります。

「いい子症候群」という言葉があるように、自分を抑えつけ、自分の意思で行動しない子どもになる恐れがあります。

その子のそのときの成長を見すえた言葉かけって、難しい～!?

大丈夫、お母さんは〝わが子のプロ〟なんですから。

どんな教師よりわが子と一緒にすごしているお母さん自身が、わが子を一人の人間としてどう成長してほしいかというゴール（未来）を見すえて接すれば、子どもは自ずと前向きな行動をとってくれるはずです。

10

「危ないから」と禁止しないで安全に扱う方法を学ばせて

幼児にとっては、身の回りで目にするもの、手でふれるもの、耳で聞くもの、すべてが学習です。好奇心いっぱいに、危険なものでもさわったり、口に入れたりしようとします。

たとえば、キッチンには、包丁やお湯の入ったポットや、熱い鍋など、危険なものがたくさん置かれています。

通常、お母さんは、そうした危ないものを子どもがさわる前にあわてて取り上げるか、前もって子どもの手の届かないところに置いたり、目に見えないところに隠したりしていると思います。

しかし、**「待って！　危ない！」「さわってはダメ！」といくら言っても、子どもはさわりたがりますよね。それだけ子どもは、お母さんのしていることに興味・**

関心をもっているということなのです。

前にもお話ししたように、子どもは周囲の大人の真似をして、いろいろなことを学習していきます。逆に隠しておいて、安全ではない扱い方をして大ケガということも。

子ども自身が自分の身を守るためにも、どんなものが危険なのか、どうして危険なのかを学習することが大切ですね。

危険なものは「危なくない状態」にして、あえてさわらせる

たとえば身近に置かれがちで火傷の危険があるアイロンの場合は、実際にさわらせて「アイロンは熱いものだ」と学習させます。

もちろん、使ったばかりのアイロンではなく、さわると少し「アチッ！」と感じられる程度にしておきます。そして、こんなふうに伝えます。

「ママ、さっきまでアイロンしてたんだ（明るく軽い感じで）。アイロンってお洋服をきれいきれいして、シワさん飛んでけってするものなの。でもね、とてもアッチイ

なの！　さわると、お手々、痛い痛いになるのよ。どうする、さわってみる？」（指1本だけふれさせてみる）

今まで禁止されていたものを「さわってもいいよ」と言われると、躊躇《ちゅうちょ》する子どももいますが、「さわりたい！」という誘惑には勝てません。

さわった子どもは少しだけ熱いので、指を引っ込めます。年齢にもよりますが、ふれたとたん、熱いのにびっくりして、泣きだす子もいます。すると、すかさず、

「わあ、アッチイ！　だいじょうぶ？　アッチイだったね、さわらないでね。痛い痛いだものね」

と言葉をかけます。

すると、泣いていた子も、不思議そうな顔をしてアイロンをちらっと見て、お母さんに「あつかったよ～」と訴えるように甘え泣きをしたりします。そして、一度「熱いものだ」と学習すると、二度とアイロンにふれなくなるのです。

刃物は、「安全な扱い方」を学ばせる

ナイフなどの場合も同じです。食事用のナイフなどを用意して、こう伝えます。

「パパとママはこうしてお食事しているの。○○ちゃんもさわってみる?」

さわろうとしたら、

「あ、そうだ。お話ししてなかった。ここを持つのよ。そうしないと、痛い痛いがついているから、お手々が切れちゃうのよ」

と、安全な持ち方や、柄と峰があることを教えます。

わざと切れないところで切ろうとして、

「切れないな。あ、そうだった。こっち側に痛い痛いがついているんだった」

と言って教えることもできます。

「包丁やナイフを持つときは、どこに痛い痛いがついているのかをよく見てね」

と伝えます。

危険な道具を使うときの注意事項やルールを頭の中に置いておくことは、実はかなり高度なことです。それができるようになれば、頭の中がよく鍛えられたということになります。

子どもは学習できる存在です

危ないものは隠しておけば安全でしょうか。小さいからこそ、自分の身を守ることには長けているのです。

何かの折に子どもが見つけてさわってしまったとき、大変な事故につながりかねません。どう扱えば危なくないのか、どの部分が、どんなふうに危ないのかを伝えておきましょう。

私の教室では、白玉だんごをつくる際、沸騰したお鍋を1歳児にも見せます。

子ども用の包丁は、4歳くらいから扱うようにしています。

また、幼児にはハサミやナイフ（1歳児から）も積極的に使わせています。事前に危険性を十分に伝え、安全な使い方を教えておけば、大事に至ることはありません。

子どもは学習できる存在です。

それなのに、お母さんはどうしても子どもを守りたい一心から、サークル（囲い）のなかで遊ばせたり、柵をつくって入らせないようにしがちです。

「この子にはまだ早い、無理」「できない」といった子どもへの思いが、そのまま子どもの他己意識につながりかねません。

子どもの「学ぶ力」を信頼し、「あなたなら分かるわね」「ちゃんとできる子ね」というイメージをもっているお母さんなら、子どものよい他己意識を育てていくことでしょう。

11

「生活」のなかで知力や五感は育まれるものです

「うちの子、ゲームばかりして困っているんです」

最近、幼児をもつお母さんでも、このような相談が増えています。

私は、**子どもがゲームにはまってしまうのは、ゲーム以外好きなことが見つけられないからだ**と思っています。

本来、幼児というのは、身の回りのことに興味や関心があれば、ゲームをやっている暇はないはずです。

ゲームをしているときは一種の興奮状態にあります。ゲーム依存状態に陥る前に、日頃から子どもの五感をたくさん刺激してあげることが大切です。

五感を刺激する散歩のしかた

最近、満3歳を超えていると思われる大きな子どもをベビーカーに乗せているお母さんをよく見かけるようになりました。

もちろん幼児を連れての外出がお母さんにとって大変なことはよく分かりますが、もったいない！　と思ってしまいます。

子どもにとって歩くことは脳を活性化させ、刺激がたくさんあるものです。風を感じたり、足元にある花や虫に気がついたり。

「ほら、きれいな花が咲いていたね」

「気づかなかった？　じゃあ、もう一度見に行こうか」

「これから、あそこの曲がり角まで歩く間に、何があったか、お母さんと当てっこしようか？」

と会話を楽しんだり。

ただ歩くだけでも、五感を刺激する方法はたくさんあるのです。子どもと一緒に歩くとなかなか目的地に着かないですし、お母さん自身も早く移動したいという気持ちがあるでしょうが、ちょっと試してみてください。

買い物した野菜を「見る・さわる・比べる」

野菜等を買い物してきたら、冷蔵庫にしまう前に、テーブルの上に並べてみましょう。


「トマトさん、ちょっと丸いね、かわいいね」

「大根さん、大きいね、こんなに長いよ」

「りんごさんはつるつるしているかと思ったら、ざらざらだったね」

「にんじんさんとなすさん、どっちが背が高いかな？」


こんなふうに、子どもにさわらせて、言葉と共に五感を刺激しましょう。

お母さんの気づきを伝えることで子どもの感性が育つだけでなく、言葉の数が増え、表現力や考える力も自然についてくるのです。

ときには子どものペースで、**子どもが興味のあるものにじっくりと関われる時間をつくってあげてほしいのです。それは、子どもの将来の成長につながる時間だからです。**

早期教育からではなくて、生活のなかから五感は身につけていくべきものです。

お母さんの感動を伝えることができると、子どもの感性が育つだけではありません。**短い言葉でも、的確に言い表せる言葉の力や考える力も自然についてくる**のです。

第2章

その「困った!」は、学ぶ力・考える力を＼ぐんと／引き出すチャンス!

12

食べ物・飲み物をこぼす

↓

「注意力」は向上できる

食事のたびに食べ物をボロボロこぼす、コップの水をバッシャーンと倒す……何度言っても気をつけるようにならない子どもに、つい怒りたくなってしまうこともあるでしょう。

子どもなんだから仕方がない、とあきらめているお母さんもいるかもしれません。でも実は、これも、**お母さん自身が、子どもに「コップの水をこぼしてもいい」と思わせてきてしまった結果だ**と言ったら驚かれるでしょうか。

☆ 注意する必要がない環境で「注意力」は育たない

今は立派に育った卒室児の、あるお母さんの例です。その子が5歳児のとき、

「先生、あんなにお話を伺っていたのに、食事中、子どものそばに置いてあったテーブルのしょうゆ差しを、子どもの手がぶつからないところに移動させていたんです」と言ってきました。一人っ子で初めての子育てなので、無理もありません。

これは、無意識のうちに、「ここに置いていたら、この子はきっとこのコップやしょうゆ差しを倒す」と思い込んでいるから出てくる行動なのです。

子どもからすれば、いつも知らないうちに、ぶつかりそうなものがまわりから消えているので、注意する必要がまったくありません。

だから、いつまでたっても注意力が育たず、ものを落としたり、コップを倒したりしてしまうのです。

もしも子どもがコップの水をこぼしてしまったら、怒る必要はありません。

「コップのお水、こぼれちゃったね。これでふこうか?」

と雑巾を「どうぞ」と渡し、子ども自身にふかせます。後始末までお母さんがやってしまうと子どもの注意力は育たず、せっかくの機会を奪ってしまうことになります。

テーブルの上にこぼれた水(しょうゆ)を見る(視覚)、ふいた雑巾が濡れるのを肌で感じる（触感）、きれいになったテーブルを見る（視覚）ことで、よかったと感じるなど、直接脳を刺激し、活性化させる機会のことです。また、雑巾を水道で洗って絞る（巧緻性）ことで、自分の身の回りのことを処理する技術を習得する機会でもあります。

でも、びちょびちょにされたりするより、ご自分がやったほうが早い。その通りです。でも、中学生になってもこんな感じだったら、どうでしょう。

幼い今こそ、後始末をさせることが本人のためだと思いませんか。

その後に、「今度からまわりをよく見てね。ぶつかるかもと思ったら、ちょっと遠くに置くようにしてね」「ちょっと遠くに置いたら、こぼさないですんだんじゃない？」と言えばいいのです。

子どもも自分がやったことの結果がよく分かるので、気をつけるようになります。

本物にふれさせる

子どもだからこそ〝本物〟にふれさせる機会を増やしましょう。

子どもが使う食器を、軽いプラスチック製の割れないものにしていませんか?

これも、無意識に「子どもが放ったら危ないから」「壊されたら困るから」といった子どもへの思いからで、他己意識につながります。すると、その通り、身の回りにあるものを投げたり乱暴に扱う子になるのです。

たしかに幼児は、器が高価なものであるとか、壊れやすいものであるといったことは分かりません。ものを丁寧に扱うことが難しい年齢では、最初のうちはガチャンと置いてしまうなど、乱暴に扱うこともあるでしょう。

でも、だからこそ壊れないように扱うことを教えるべきなのです。

叩いても放っても壊れない食器を使うということは、子どもがそうしてもかまわないという暗黙の前提があるともいえます。

さんざんプラスチック製の食器を使ったあとで、お母さんがいくら「お皿は静かに置きなさい」と言ってもできないものです。できれば、もっと小さな1歳代のうちから、食器の扱い方を教えてあげるといいでしょう。

ガチャン、と乱暴に置いてしまいました。そんなときは、

「今、ガチャンってすごい音がしたよ。そーっと、そーっと置こうね」

と小さな声で言います。**「静かにね」でも「乱暴にしないでね」でもなく、「そーっと、そーっとね」と言うのがポイントです。**

第1章でお話しした「言葉のキャッチボール」を覚えていますか。子どもは受け取りにくいボールを投げられても、受け取ることができません。何度くり返し言っても、子どもは分からないということになります。**子どもが分かりやすい表現・イメージしやすい言葉を使う必要があるのです。**

静かに置くことができたら、「すごいね」とほめてあげましょう。それが今度は自己肯定感にもつながります。

もしも運ぶ途中でこぼしたり、食器を壊したりしてしまっても叱らなくていいです。「大丈夫よ。自分で運ぼうとしたんだものね」

と安心させてあげましょう。こうして指先に意識を集中することで、子どもも気をつけて扱うことを学習します。それが学習での**集中力にもつながっていきます。**

13 ものを乱暴に扱う ↓ 「さわっちゃダメ」は逆効果

子どもはゆらゆら揺れるものも大好きです。

カーテンを揺らす、ぶら下がる、くるくると自分の体に巻きつける……。ぶら下がっているものを見ると、そういう衝動に駆られるのかもしれません。

お母さんは「ダメ！」「引っ張らないの！」と言いますが、効果はありませんね。

子どもは、その場ではやめても、しばらくすると、また同じような行為を始めます。

乱暴に扱うときは「人差し指」でさわらせる

この場合のやり方は、前項の「食器の扱い方を教えること」と基本的に同じです。

カーテンはさわるだけなら危険なものではありませんが、ぶら下がったり体に巻きつけたりすると、どこかにぶつかってケガをしかねません。そんなときは、安全にさわる方法を知らせます。

せっかく子どもが身の回りのものに興味を持ったのです。ぜひ、さわらせてあげてください。ただし、**まずは人差し指でさわらせるのです**。

母「カーテンさん面白いね、ゆらゆらするね。引っ張ると楽しい？」

子「うん！」

母「でもカーテンさんって、○○ちゃんのおもちゃなのかな？」

子「（何を言っているんだろう、という顔で）ん？」

母「カーテンさんはこのお部屋が寒いときはあったかくしてくれて、暑いときは涼しくしてくれるものなんだよ。外がまぶしいときは、カーテンさんをすると、まぶしくなくなるの。そういうお仕事をしているんだよ。おもちゃじゃなかったね。でも、○○ちゃん、さわりたい？」

子「うん」

母「じゃあ、おゆび1にしてみようよ。そーっと、そーっとね」

と言って人差し指1本でふれさせます。このとき、すかさず、

「さわれてよかったね、上手にさわれたねえ」

と声をかけると、嬉しそうな表情をするものです。

どんなに小さな子どもでも、自分の指で1をつくることはできるかと思います。手が開いているから〝つかむ〟ことができるのです。**〝つかむ〟は〝引っ張る〟につながり、結果的に「ダメ、やめなさい！」と親が注意することになってしまいます。**

ですから、**さわることを禁止するのではなく、人差し指で1をつくり、指1本で、そーっとさわることを教えてあげてください。**

わざわざカーテンを引っ張らなくても、ちょっとさわることができるだけで、子どもは満足します。

だいたい3度目くらいで学習しますから、「お指1だよね」と言葉かけをしてあげましょう。またカーテンの前に行ったとき、しばらく考えて、1の指でそっとさわることができるようになります。

引き出しの中のものを勝手にさわったり、引き出したりする場合も、同じようにやってみましょう。

最初からガムテープを貼ったり、ガードをつけたりして、開かないようにしているご家庭もあるようですが、**さわっていいものかどうか考える、自分で判断する力を養ういいチャンス**です。

私はいつも「絶対に分かってくれる」という思いで子どもに接しています。

でも、お母さんたちが「この子には言っても無理」という思いで、「ダメ」しか言わないと、どうなるでしょう。

子どもの判断基準は「お母さんが〝ダメ〟と言うかどうか」になってしまいます。

何かに興味を持って行動しようとするとき、お母さんの顔色をうかがう子どもになるのです。

自分で判断できないということは、考えない子になってしまうということです。

日々、「ダメ！」と言いたくなってしまう状況はたくさんあると思いますが、どうぞ、子どもの判断力を育てる機会を奪わないようにしてください。

14

片づけられない
↓
発達段階に合わせた〝ステップ〟がある

どんなに片づけてもすぐ散らかってしまう、だから結局お母さんが片づけてしまう。「うちの子は片づけができなくて本当に困っています」

そんな声もよく聞きます。「片づけは、使ったら元の位置にきちんと戻すこと」と思うとハードルが高く感じますが、「子どもの発達段階によって、ここまでできればＯＫ」と段階を踏むようにするとスムーズです。

☆ 本の片づけができるようになる4つのステップ

たとえば絵本一つとっても、片づけるステップがあります。

第1段階：0～1歳代の子どもの場合は、まず本を本棚など置いてあった場所に持っていければOKとします。

本が横になっても、ひっくり返っていてもかまいません。

最初からきちんと置くことを教えようとすると、「ダメ、そうじゃないわよ」とネガティブな言葉かけをすることになり、とたんに子どものやる気をなくさせてしまうことになります。

「あら、〇〇ちゃん、ちゃんとご本のお友達のところに持って行けたね、えらいね」とほめてあげてください。

第2段階：本棚に本を立てて入れることを教えます。

本は、立ててさえいれば、背表紙が見えなくても、上下がひっくり返ってもかまいません。このとき、わざと横になっている本を下のほうから引っ張り出し、雪崩《なだれ》のように落として見せます。

「ああ、びっくりしたね」「ご本がねんねしていると、読みたい本を取ったときに、こんなふうになってびっくりして怖いよね。ご本、どうしようか？」と声かけし、「ねんねじゃなくて、たっちさせよう」と、本を立てて入れることを教えます。

このとき、子どもが自分で本を入れやすいように、本棚にはすき間をたくさんつくっておいてあげてください。

第3段階：上下を正しく入れることを教えます。

表紙の絵を見て、「あれ、うさぎちゃんの顔がひっくり返ってない？」と言って直させましょう。そして、「ああよかった。うさちゃんの顔が元に戻ったね」などと言えば、「上下」といった言葉を使わなくても、子どもは理解できます。

第4段階：背表紙を見せて立たせることを教えます。

背表紙が後ろになっている本を取り、「あれ？ これ、なんの本だっけ？ あ、そうか。お背中が見えるようになっていると、よいしょってしなくても（取り出して表紙を見なくても）なんのご本か分かるね」。

子どもは本を閉じないで押し込むので、よく中のページがくしゃくしゃになったり一部が切れてしまったりすることがあります。4、5歳になったら、本棚に入れたい本があるときに、中のページが折れないように気をつけて入れることも教えてあげましょう。

本に限らず、ブロックや積み木などのおもちゃの片づけも同じです。子どもの今できることに合わせて行ってください。

最初のうちは「一緒に片づけようね」「ありがとう、上手ね」などと言いながら、一つずつ渡して入れるべき箱に分別することを知らせます。

まず、おもちゃの置いてある場所に運ばせる。次にブロックはブロック、ぬいぐるみはぬいぐるみ。そのとき、「くまさんたち、眠い眠いって言ってるから、ねんねさせてあげましょう」と**種類ごとに片づけさせると、集合の概念の〝仲間集め〟を自然と理解していくようになります。**

「自分で片づけた」という達成感が生まれ、自己肯定感にもつながるのです。

☆ 「自分でやりなさい」と言いながら、片づけを手伝っていませんか

5、6歳になっても片づけられない子の場合、自分が片づけなくても、お母さんが

声をかけてくれる、と思っているケースが多いのです。

お母さんは「自分でやりなさいよ、もう!」と文句を言いながらも、片づけを手伝ってくれることを学習しているからです。

「お片づけしようね」と言っても、子どもがなかなかやらず、さんざん時間がたってからグズグズ片づけている場合、お母さんは片づけを手伝ったり、「上手に片づけられたね」などとほめてはいけません。

ここでほめてしまっては、「グズグズやってもいいんだ。その気になったときに片づければ、ママはほめてくれるし」と子どもは勝手に思ってしまいます。子どもはお母さんのことを驚くほどちゃーんと見ているのです。

もしも子どもが、「ママ、片づけられたよ。えらかった?」と聞いてきたら、「そうね。でも言われたときにすぐに片づけられたらえらかったね。もっとえらいのは言われなくても片づけられる人なのよ」ときっぱり伝える必要があります。

また、「片づけると、きれいになって気持ちがいい」という感覚をぜひ子どもに伝えてあげてください。

教室で年末に5歳児に作文を書かせると、

「ママと一緒に窓をふいたらピカピカになって気持ちよかった」

「ママと一緒に片づけをして楽しかった」

といった言葉が並びます。

自分でやったという達成感とともに、気持ちよかったと感じることも大切なのです。

ある小学校受験をした男の子の話です。当日、試験が終了してお母さんが待っていたところ、なかなか子どもが会場から出てきません。あとで理由を聞いてみると、「みんなが遊んでいたおもちゃ、片づけていたの」と言ったそうです。

誰でも自分の使ったおもちゃは片づけるかもしれませんが、その男の子は、お友達が使ったものまで片づけていたのです。

もちろん、子どもは合格しました。でも、これは受験のテクニックでもしつけでもありません。その子にとっては、誰かのためにやったということではなくて、遊んだおもちゃは元に戻すのが当たり前で、ごく自然な動きだったのでしょう。

15 忘れ物が多い ↓ 〝複数の物事を頭に置く〟練習をする

服を脱ぎっぱなし、食べたものを置きっぱなし、読んだ絵本を置きっぱなし……。使ったものを置きっぱなしにする子どもには、どう対処したらいいのでしょうか。

幼児はいろいろなところに注意がいかないものです。ただ、これもお母さんがその原因をつくっている場合があります。

たとえば子どもがゴミをそのままにしておくと、ぱっとゴミ箱に捨てていませんか？

子どもからしてみれば、知らないうちにいつもゴミが消えているので、ゴミをその場に置いた段階で、ゴミの存在を忘れてしまうのです。

ゴミを捨ててほしいときは、「あれ、このゴミはいったい誰のゴミでしょうね」と声をかけます。「ぼく（わたし）のじゃない」と言ったら、「おかしいな。○○ちゃんが遊んでて、できたゴミじゃない？　捨てにいったところを見てないんだけどな」と言います。

子どもに嘘をつかせたくないので、子ども自身を追い込まないように誘導するのが大事です。

2つ以上のことに注意を払えるようになるには「絵の具セット」を

私の教室では、子どもたちの注意力を育てるために、年度初めに年中児は絵の具セット一式、年長児には習字道具一式をプレゼントします。

これは、**一つのことを行いながら、同時に大事なことをいくつも留意できるようにするためです**。つまり、大事なことをいくつか覚えておいて、それを忘れないで何かの作業を行うということです。幼児には難しいことの一つです。

絵の具の指導をするときは、まずテーブルの上のどこに置くか、それぞれの置き場所を伝えるところから始めます。

もちろん、その前に、絵の具セットの中身（筆洗、絵の具、筆入れ、筆、パレット、スポンジ）や用途について説明をします。

そして、パレットなら、

「一つひとつの小さなお部屋のところに、一つおきに絵の具を置きましょう」

と伝えます。

これは、最後までチューブから出したきれいな色を意識させるためと、仕切りの隣合わせの絵の具が混ざらないようにするためです。

クレヨンと違い、絵の具は自分で色をつくりだすので、パレットの使い方次第で、あっという間にすべて汚い色になってしまいます。

絵の具を混ぜたいときは、

「色を混ぜると違う色になっておもしろいね。でも違う色にしたいときは、大きいお部屋に移して『黄色さんいらっしゃい、青さんいらっしゃい』をして混ぜるのよ。そこで混ぜれば、小さいお部屋の絵の具さんは元のままの色になっているでしょう」

というように言えば、子どもたちにも分かります。

次に筆洗です。

次の色をつくる際、筆を洗わなければ色は混ざってしまい、思った色にはなりません。また、透明な水でちょうどよい状態に絵の具を溶く必要があります。

「最初は筆洗の広いお部屋で洗って、きれいにならなかったら小さいお部屋で洗ってね。でもそのとき、筆を洗わないきれいなお部屋を一つ残しておいてね」

と言います。

このように、絵の具の道具一つとっても、子どもたちは頭をフル回転することになります。**いろいろなことを頭に置いて行うので、あれこれ覚え、考えて作業をすることで注意力が養われ、頭の訓練（脳が活性化）にもなっていきます。**

「うちの子は注意力がない」「一つのことしかできない」と思う前に、ぜひ、このような体験をさせてあげてほしいと思います。

☆「どうしたら忘れないようにできるか」考えさせること

ある保護者から小学生のお子さんのことでご相談を受けました。登下校の際、友達とふざけたりしているうちに、いつもバスの中に忘れ物をしてしまうとのこと。「忘れ物をしないようにするのよ」とお母さんは子どもに言い聞かせていましたが、お母さんと一緒にバスの営業所まで忘れ物を取りに行くこともあったそうです。

そこで私は、「営業所まで一緒に取りに行ってあげてしまう必要はないですよ。もう小学生ですから、自分で取りに行かせましょう」と言いました。

「バスから降りるとき、（言われたからではなく）自分で忘れ物がないかチェックしなくちゃ」と思わせることが重要なのです。

その後、だんだん忘れ物が減っていくようになりました。

忘れ物をしないように直接アプローチしたわけではないのに、もうお母さんに頼れない、自分の持ち物なんだからと感じたからですね。**まさに学力は生きる力です。**

このように、精神的に成長させることで忘れ物ぐせも直るのですから、自己イメージ（他己意識）は子どもにとって大きいものなのですね。

もしもケンカばかりしている子どもなら、

「○○ちゃん、もう小学○年生なのに、まだそんな赤ちゃんみたいなケンカしているの?」

と言って少々刺激することがあります。すると、子どもは「赤ちゃんじゃない！」といった表情をします。

「だって、君たちのケンカって赤ちゃんみたいじゃない？　小学○年生になったら、そんな言い方じゃなくてもっと違う言い方をするんじゃない？」

こんなふうに言うと、子どもは内省し、自重するようになるのです。


忘れ物の話に戻りますが、例のバスに忘れ物をしてしまう男の子も、まわりの大人が解決してあげるのではなく、自分で考えさせることによって、

「ああそうか、バスに乗っているときに、かばんから手を離しちゃうから忘れちゃうんだ。じゃあ、いつもかばんを手に引っかけたままにしておけばいいのかな」

と工夫するのです。それを「バスを下りるときに、よく見なさい！」と怒っているだけでは解決にはならないのです。


お恥ずかしい話ですが、私自身も忘れ物防止策を講じています。健康のため、近所のプールに水中ウォーキングに通っていますが、顔見知りの方々とおしゃべりをして

いると、更衣室に水着を忘れてしまうことが何回か続きました。

そこで、バスの男の子と同じように、着替えたらドライヤーをかけている間もずっと、水着の入っているバッグを腕に引っかけておくようにしたところ、忘れなくなったのです。そうすれば忘れない。当たり前ですよね。

でも、これも一つの「問題解決能力」です。**問題解決能力とは、人と人との間の問題だけでなく、自分がよく犯す失敗を未然に防ぐということも含まれるのです。**

子どもに問題解決能力をつけさせたいなら、お母さんが「こうすればいいんじゃない？」と提案するのではなく、「どうすればいいと思う？」と子どもと話し合ってみましょう。

いいアイデアが出て来なかったときに初めて提案してあげればいいのです。

16

ミス、なくし物が多い
↓
「よく見なさい」と言って分かるものじゃない

前項にも出てきましたが、お母さんが子どもに使う言葉に、

「よく見なさい！」

というものがあります。「忘れ物がないか、まわりをよく見なさい」「(プリントの)問題文をよく見なさい」「(間違えないよう) よく見なさい」……。お母さんのほうはヒートアップするばかりです。この「よく」という言葉は、子どもには伝わらない言葉の一つです。

子どもは大人とは見え方が違います。子どもは視野が狭く、視線の動かし方も上手ではありません。

教室でも「ほら、ここを見て。おめめはここ！」と言っても、目は泳ぐだけ。そんなときは私の指に注意を向け、そこまで指を移動させないと気づかないこともあります。

子どものチェック能力を高める工夫

ペーパー重視の教室と違い、プリント問題は来室したときに1枚しかやらせません。そのプリントに取り組むとき、子どもは左手で紙の一部分を押さえてしまうことがよくあります。その部分は隠してしまっているので、見える部分だけで答えを探すことになり、全体を見なければ分からない問題なのに答えが見つからず、困っています。

そんなときは、

「お手々をここ（余白）に置いてね。お父さん指を少し開けてね」

「絵や字がかくれんぼしちゃうでしょ」

などと子どもに説明します。

ペーパーテストでは数の問題がよく出ますが、〝数を唱える〟のと〝数える〟のとの違いはご存知でしょうか。唱えることはできてもモノ（具体物）をうまく数えられない子がいます。

たとえば、子どもたちは絵本の中から、動物は何匹いるなど数え、「○こ、いた！」と喜ぶのですが、目があっちにいったりこっちにきたりするので、同じモノを2回数えてしまったりします。

こんなとき、**子どもの「チェック機能」を働かせるための言葉かけは、「見えないヘビがいるよ」です。**

数えるモノを重複したり見落としたりしないように目で追っていくと、数えるべきものがつながって「へび」になります。

つまり、その**線を頭にしっかり入れて数えれば、視線があっちこっちに飛ばず、正確に数えられるようになるのです。**

数えるときは、「にょろにょろっとこっちに行くでしょ」というように、見えないヘビさんを使って数えればいいことを子どもに伝えます。

その通りに数えていくには注意力が必要です。

こういったことをさせると、忘れ物防止につながりますし、集中力を育むことにもなるのです。

☆「見る」と「視る」の違い

人の目は中心部分を認識するようにできているそうです。つまり、視界に入っていても、脳が意識的に視《み》ようとしなければ見ていないのと同じなのです。

それが「見る」と「視る」の違いです。


探し物をするときは、まず「どこ」に探し物があるか、意識をもってその場所を探します。

でも、たいていの子どもは、なんとなくありそうな場所を探して「ない」と言います。意識をもって「視る」と、同時に「考える」作業も一緒にしています。

でも、誰かに言われてしぶしぶ探したり探す気さえなかったりすれば、せっかく視野に入っても見つかりません。それは漠然と「見て」いるだけだからなのです。なくし物が多く、すぐに「ない、ない」と言う子は、〝視ていない〟と言えます。

「視ている子」は、ものをどかして探そうとしますし、一つ一つ視ようとして目も動かします。

そういう意識がなく「見ている」だけの子は、どうしたらよいのでしょうか。

中心部分しか見ていないことを具体的な言葉かけで気づかせます。そして視線を動かすことと、考えながらものを見ることを伝えます。とくに見落としのないように探すことを知らせます。

「探し物をするときは、はしっこから見ていくんだよ」

「引き出しの中まで見た？　その本をどかしてみた？　後ろのほうにかくれんぼしているかもよ」

それでも探し物が見つからないと、お母さんが根負けして探してしまいそうになりますが、そこはがまんがまん。注意深く「視る」子に育てていってください。

17

根気がない

↓

“受動的”ではなく“主体的”な行動で「集中力」は高まる

子どもの集中力について誤解している方がいます。

「うちの子はテレビやDVDは集中して何時間でも見るんですよね」

とおっしゃるお母さんたちです。でも、これは集中力とは関係ありません。目が画面の絵を追っているだけで、脳はあまり働いていないのです。

集中力が発揮されるのは、テレビやDVDのような受動的に見るものではなく、自分から何かを進んで一生懸命やっているとき。

「好きなことには集中するけれど、ほかのことになると集中できない」

という子どもが多くいます。

実は、**幼い子どもであればあるほど、集中力とは「根気」とイコールなのです。**

集中力とひと口に言っても、射的のように瞬間的に発揮するものと、マラソンやテニスのように長い時間にわたって集中力を保たなければならないものもあります。

子どもの場合、本当の意味で集中力をつけるには、後者の「持続力・根気」を身につけさせることが大切です。

根気を身につけるには、自分の気持ちがコントロールできなければなりません。

自分の気持ちをコントロールできず、あきっぽい子どもは、集中力が身についていないといえるのです。

「やってみたい！」「楽しい！」「作ったものを喜んでくれた」という経験を

私の教室では、4歳児のカリキュラムのなかに「等身大の色塗り」があります。大きな布に子どもが横たわり型をとります。自分の身体と同じ大きさの面積を毎日コツコツ色を塗っていくことは、とても「根気」がいることです。通常の塗り絵でもそうですが、線からはみ出さないように塗るのも、塗りむらを残さないように塗るのも、子どもにとっては大変なことです。

塗っているときは大変ですが、ある程度塗れてくると、子どもたちは完成形をイメージして頑張るようになります。そして、すべて塗り終わったときの達成感に満ちた表情は、とても素敵で微笑《ほほえ》ましいものです。

ご家庭で等身大の塗り絵は難しいと思います。でも、わが子にとって根気がいりそうな、けれども、楽しんでやれそうな作品づくりは、ぜひチャレンジしてください。

たとえば、小さな丸や四角い紙に色を塗って、それをつなげて額縁にするというのはいかがでしょうか。

「ママとパパと◯◯ちゃんの写真の額縁をつくってみようか。どんな色でつなげようかな?」

とママも楽しそうにやってみます(親が楽しそうにやっているのを見ると、子どもも真似したくなります)。

最初は色のつなげ方に規則性がなく、意味が分からないという顔をするかもしれません。そんなときは、

「ママ、代わりばんこの模様にしようかな? 赤、青、黄ってなっているのよ」

と声をかけて気づかせてください。

あるいは100円ショップなどで丸いシールを買ってきて、切り込みを入れ、毎日コツコツ貼っていき模様をつくる、折り紙を三角の形に毎日一つずつ折り、紙に貼って好きな模様をつくらせる、などなど。

何よりも大切なことは、お母さんが「これをやりましょう」と押しつけるのではなく、子どもが「やってみよう」と思えるようなものにすることです。

「ねえ、この塗り絵、楽しそうだよ。やってみない？」といきなり声かけをしても、子どもにしてみれば「お母さんが言うからやってみるか」という程度です。

子どもは、自分からやると言ったことには頑張りますが、促されて行っても、途中でやる気を失いがちです。

私でしたら、塗り絵をさせたいという気持ちはひとまず置いておき、子どもに悟らせないようにします。

「この間テレビで見た〇〇レンジャー、面白かったね」

と興味を〇〇レンジャーに向けておき、

「お母さん、こんなの見つけたんだけど、塗ってみる？」

と、おもむろに塗り絵を出します。「うん、塗りたい！」と子どもは言ってくれるでしょう。

そのときの子どもの年齢や成長・発達の度合いによって、できることや取り組んで面白いと思うものは違います。子どもができ上がって「わあ!」と喜ぶものであればいいのです。

たとえば先ほどの額縁の例なら、事前にご主人に「帰ってきたら作品を見て驚いてね」とメールを送っておいて、子どもには「パパが帰ってきたら、きっとびっくりするよ」と言います。帰宅したパパが自分の作品を見てびっくりしてくれると、子どもは「自分がつくったものをこんなに喜んでくれた」という体験が次への意欲につながります。

「自分の力で塗れた・自分がつくった」という達成感に加えて、「自分がつくったものでまわりの人が喜んでくれる」と嬉しく感じるとともに、自己肯定感が高まります。

小学校の図工の先生に聞いた話ですが、最初の授業で「なんでもいいから好きなものを描いてみましょう」と言ったら、何を描いていいのか分からず、固まってしまう子どもがたくさんいたそうです。

何かをつくるのが楽しい、つくったものを喜んでもらえたという経験を積んだ子どもは、小学校でも躊躇せずに「何をつくろうかな」と楽しんでやってみることができます。その体験をせずに、「さあ、なんでもいいからつくりなさい」と押しつけても、きっと何もできないでしょう。

「やればできる」のは「やれない」証拠

よく「うちの子はやればできるんですけど、やらないんです」とおっしゃるお母さんがいます。少し厳しい言い方になりますが、「やればできる子は、結局やらないので、やれないのと同じ」なのです。

社会に出たときに、「こうだったらいいな。でも自分はやりたくないからやらない」とやらなければ、使えないやつということになってしまいます。

何もしなければ、評価もされないでしょう。途中であきらめたり怠けたくなったりする人が多くなってきているのでしょうか。「意志の強さ」「根気強さ」は社会に出たときのキーワードです。

「こうやればできるかな」と自分の頭で考え、工夫し、「よし、やろう」と実行できる子、一度取り組みだしたら根気よくやり続ける子に成長することは、長い目で見ると、とても重要なのではないでしょうか。

集中力を身につけるのは幼児期。今、親がサポートしないと、子どもが大きくなってから「うちの子は根気がない」「集中力がない」と嘆くことになるかもしれません。

「3歳でひらがなが全部書ける」「小学校に入る前に足し算と引き算は全部できる」ひらがなは書けるだけではなく、正しい筆順できれいな読みやすい字であり、文章化できるところまでいかなければ、なんの意味もありません。足し算引き算ができても、文章題でイメージが湧いて答えが導き出されなくては意味がありません。

こうした表面的な**読み書き計算より、学ぶ姿勢や集中力を身につけることのほうが「学力」の基礎となります。**

その年齢にふさわしいことを、その年齢なりに身につけていくこと。これが将来、大きな差になって出てくるのです。

18

「買って買って！」となんでもほしがる
↓
〝自分の意思で選ぶ〟習慣づけを

「スーパーで目についたものをなんでもほしがる」という悩みもよく聞きます。そのたびに「買わないって言ってるでしょ！」と怒っても、同じことのくり返しです。

ポイントは、スーパーに行く〝前〟です。

「今日の買い物は○○ちゃんの好きなものを買いに行くんじゃなくて、パパやママやみんなの食べるものを買いに行くのよ。でも、○○ちゃんがほしいものがあったら、一つだけ買ってあげようね」

と約束します。もしスーパーで、あれもこれもほしい、となったら、何も買わずに帰ってしまいましょう。たとえ夕飯の買い物があったとしても、買わずに家にあるもので質素な夕飯にして、

「今日、本当はおいしい△△をつくりたかったんだけど、○○ちゃんが泣いて、もっ

とほしいってなっちゃったから、みんなにおいしいものをつくれなかったのよ」

こう話せば、小さい子どもでも分かります。そのうえで、

「次に買い物に行くときには、ちゃんと1個だけってお約束できる？」

と約束させます。次に行ったとき、また約束が守れなければ買い物をせずに引き返します。「そこまでやるの」と思われるかもしれませんが、ここは徹底したいところです。**小さい子どもに理解させるには、面倒でも「やって見せる」ことが大事なのです。**


ここで早く買い物をすませたい、子どもが泣いてほしがるから仕方がないと、急いで買い物をすませ、ほしいものを与えてしまったら、**「ママはなんだかんだ言っても、ほしいものを買ってくれる」と子どもは思ってしまいます。**

どうでもいいものこそ、子どもに選ばせる

子どもがスーパーなどでものを選ぶとき、お母さんは「好きなものを選んでいいわよ」と言いながら、なかなか選べない子どもに業《ごう》を煮やすこともあるかと思います。

そんなとき、こんな言葉をかけていませんか。

「早く決めなさい！　どうせこれにするんだから、こっちにしたら？　行くわよ」

よく見る光景です。

子どもに好きなものを選んでいいと言っておきながら、結局、お母さんが買ってもいいと思ったものを子どもに選ばせているのです。

すると子どもは、自分は何がほしかったのか分からなくなり、「これがほしい」ということ自体あきらめてしまう子になってしまうかもしれません。そして最終的には、自分が何をしたいのか、何を考えているのかさえも分からない子どもになってしまう可能性もあります。

私はいつも**「どうでもいいことこそ、子どもに選ばせましょう」**と言っています。

小さいときから、「自分の意思で選ぶ」習慣づけはとても大切です。

どうでもいいことさえ自分で選べなかったら、人生の岐路で重大な選択を迫られたとき、自分で決定することができず、母親の判断を仰ぐことにもなりかねません。

逆に、自分で選ぶ能力が身についていないのに大事なことを選ばせたら、選択を間違えたときの損失ははかりしれません。

私の教室でも、なるべく子どもたちに選択をまかせるようにしています。指定する必要がないときの折り紙などは、好きな色を選ばせています。なかには何も考えずに友達と同じ色を選んでしまう子もいます。そんなときは、

「どうしてこの色がよかったの？」

とたずねます。すると黙ってしまう子もいます。

「友達と一緒の色がいい」という時期もありますが、好きな色を考えて選ぶということができている子は、「いちごと同じだから（赤を選んだ）」など、理由が明確です。

第1章でもお話ししましたが、学習するうえで大切なのは「素直さ」です。

ただ、何も考えずに人の真似をすればいいということではありません。人の意見に素直に耳を傾けつつ、自らの頭で考え、行動できる子どもにしていくことが私たち大人のできることではないでしょうか。

19

嘘をつく
↓
親がそうさせている!?

わが子に、嘘をついたり約束を破ったりする子になってほしくない、というのは誰もが思うことでしょう。

幼児期は「規範意識」が芽生える時期です。つまり、人として望ましい行動はどういう行動か、人が見ていようといまいと、人として望ましくない行動はしないという気持ちが出てくる頃なのです。この規範意識の芽生えが見られる子とそうでない子では、その後に大きな違いが出てきてしまいます。

軽い気持ちであっても、嘘をついたときにお母さんが拘《こだわ》らなかったら、「お母さんを言いくるめることができた」「責任をとらないですんだ」「大人なんて結局は自分の思っている通りになってくれるもの」という意識が根づいてしまいます。

私は子どもについて性善説を信じていますが、育て方によっては性悪説に傾いてしまう危険性を秘めているのが子どもです。ですから、できるだけ子どもが嘘をつかなくていいように導いてあげたいものです。

「ダメ!」では規範意識は伝わらない

第1章でお伝えしたように、「叱る＝親の価値観の委譲」ですから、子どもの叱り方に親の意識・価値観が表れます。

八百屋さんのりんごは、**「怖いおじさんが見ているからさわっちゃダメよ」ではなくて、**怖いおじさんが見ていようがいまいが、**「りんごは自分のものではなくてお店のものだから、さわってはいけない」**と叱ってほしいと思います。

もし子どもが約束を守れなかったら、人にも約束を要求できなくなるということを知ってほしい。

そのために、ときに私は「○○ちゃんが約束を守れないんだったら、それでもいいのよ。先生も同じように、○○ちゃんとの約束は守らないからね」と言うことがあります。すると子どもは「嫌だ」と言います。そこで初めて、「そうでしょう。約束を破るって、こういうことなのよ」と伝えます。

また、親というものは、子どもが何か悪いことをしたとき、つい「ダメでしょう！」と手を叩いたり頭を叩いたりしがちです。体罰は、悪いことをした者は罰として痛い思いをするということを知らせています。

でも、「体罰」を行うことで「悪いことはやめよう」と思うようになるのでしょうか。こんな悪いことをしたから痛い思いをする。そこに規範意識はありません。

子どもの側は体罰を受けたとき、うがった見方かもしれませんが、「悪いことをしたのが見つかると、こんなひどい目に遭うんだ」「見つかったから罰を受ける。見つからなければいいんだ」「痛いのを我慢すれば、悪いことをしてもいいんだ」という子どもも中にはいるのではないでしょうか。

このように、子どもに規範意識を伝えたいときに体罰を加えることで、物事の本質を見失ってしまうと私は考えます。

「なぜ失敗したか」を考えることが大事

子どもはなぜ嘘をつくのでしょうか。子どもの嘘は嘘ではないという論文もありますが、お母さんが無意識のうちに嘘をつく子にしてしまっていることがあります。

ある小学1年生の女の子の例を目にしました。校帽をなくしてしまい、ほかの友達の校帽をこっそり持ち帰り、自分のものにしてしまいました。帽子には名前が書いてあったので、友達のものを取ったのは明らかだったのですが、お母さんはしばらく気がつかなかったのです。

ここで、子どもを叱る前に考えなければいけないのは、「なぜ、友達のものを自分のものだと嘘をついたのか」ということです。

おそらく、なくしものをした時点で、「お母さんに怒られる」と思ったのではないでしょうか。怒られるのが分かっているから、いわば盗みのようなことをしてしまったのです。お母さんは今までの自分の子どもとの接し方を反省する必要があります。

なくしたというだけで、頭ごなしに「何やってるの！」「どこでなくしたの？　探してらっしゃい！」と怒るお母さんなら、子どもは「とにかく、その場を乗り切るためにごまかせばなんとかなる」と思ってしまいます。

ある意味、お母さんが子どもにそういった考えを持たせるように仕向けてしまったのです。一事が万事その調子で怒っていると、嘘をつくつもりはなくても、子どもは自分を正当化するために、その場その場で嘘をつく子どもになってしまいます。

子どもが何か失敗をしたときに、**失敗した事実だけを責めるのではなく、「なぜその失敗をしてしまったのか」「どうしたら失敗しないですむのか」をきちんと子ども自身に考えさせましょう。**

そのうえで、「今度から気をつけようね。でも、こういう失敗がもう1回あったら、今度は（帽子の場合）○年生になるまで帽子は買わないからね」と釘を刺すことも大事です。

忙しい毎日のなかで、こういったやりとりを行うのは大変なことです。だから怒るだけ怒って終わりにしてしまうお母さんも多いと思います。

でも、今、この手間を惜しまないでください。将来「自分の失敗やミスをごまかさない子」「嘘をつかない子」に育てているのだ。そう意識してみてください。

20

自分のものと人のものの区別がつかない

↓「これはママの大事。あなたのではないのよ」と伝える

よその家の冷蔵庫を勝手に開ける、人のカバンの中を漁る、おもちゃを返してくれない……そんな困った子を見かけたことはありませんか。

2歳ぐらいまででしたら、「（まだ小さいんだから仕方がない）いいよいいよ」と笑って許してもらえます。けれども、小さいうちから自分のものと人のものの区別がつくようにしておくことも、規範意識の芽生えの前の時期には大切です。

落とし物を持って帰る子

落ちていた50円玉を拾って持って帰ってきてしまった5歳の男の子がいました。子どもは自分の行為を正当化しようと、お母さんに「友達からもらった」と嘘をつきま

した。ところが、話を聞いているうちに、拾ったお金を持って帰ってきたことがわかったのです。

その場合、みなさんなら、どう対応しますか。ただ「落とし物を持って帰ってはいけません」と教えるだけでは、規範意識は身につきません。

母「お金を拾って持って帰ることが悪いことだって思ったの？」
子「うん」
母「そう。それを聞いてお母さん、ちょっと安心したわ。でも、悪いと思うことをしておいて、『友だちがくれたから』って嘘をついて持って帰ってくるのは、いいことかな？」

こんなふうに子どもに考えさせます。

母「人間って一つ悪いことをすると、どんどん悪いことをしてしまうようになるのよ。自分でやっちゃいけないことだと思ったら、誰が見ていようと見ていまいと、やめようって思う子になってくれたらお母さんうれしいな」

と言って、子どもと一緒に交番に届けさせます。

こうして小さい頃からその家庭での価値観を身につけていきます。なかには、「50円くらいならいいじゃない」というご家庭もあるかもしれません。すると、「少ない金額ならもらっていいんだな」という価値観を子どもに植えつけることになります。大きくなったとき、50円が1000円に、1000円が1万円になるかもしれないのです。

人のものを不当な形で手に入れてしまったら、それがどんなものであっても、「落とした人は、どんなに困っているだろう」と考えられる子になってほしいものですね。それが価値観を伝えるということです。

人のものと自分のものを区別することを学ぶ方法

世の中には、「（落とし物は）落としたほうが悪いんだ」という価値観を持っている人もいるかもしれません。こういった考え方を持つ人は、人のものと自分のものの区別がつかないのかもしれません。これも小さい頃からの価値観の伝え方が大切です。

教室でも、子どもがお母さんの持ち物をさわろうとすることがあります。すると私は、

「これはママの大事大事でしょう。○○ちゃんのおもちゃはあっちにあるわよ」

と伝えます。

よく電車の中で、子どもがおとなしくしてくれるからと、自分のスマートフォンをさわらせているお母さんがいます。当然、電話がかかってくれば、お母さんはその子に「返して」と言います。でも、「返して」と言わなければならないもので子どもを遊ばせておくのは、本来おかしなことではないでしょうか。

子どもは、「ママのと言っても、今、遊んでいるから、これは自分のもの」ととらえます。それをいきなり「返して」と言われるのは、子どもにしてみれば、とても理不尽なことです。

子どもがほしがったときに「ダメよ。今、ママが使うから」という言い方では伝わりません。小さいうちから「これはあなたのおもちゃじゃないのよ。ママの『大事』なものなのよ」ということをしっかり伝えてください。

人のものと自分のものを区別することを学ぶチャンスを逃さずに。

車内で、どうしてもおとなしくしていてもらうために必要なら、その子専用のものを用意すればよいのです。

教室で「ママの大事」をしっかり行うと、ママのものをさわろうとするとき、ちらっとママのほうを見て、「ママはどう言うかな？」といった顔をして、よちよち歩きの子どもでも、さわるのをやめることができるようになります。

最近、子どものように「手に入れたものは全部自分のものだ。自分に権利があるのだ」と思い込む大人が増えているように思います。

人のものと自分のものの区別がつかない子どもが大きくなり、忘れ物やなくし物をした相手に対し、「なくしたほうが悪い」と感じるようになった結果でしょうか。

21

病院（予防接種・歯科・耳鼻科…）を嫌がる
↓「治療しないとどうなるか」の情報を与えて考えさせる

「子どもが病院に行くのをすごく嫌がるので、おやつをあげて、なんとかなだめすかして連れて行くんです」

と4歳児のお母さん。

「お母さんがなさっていることは、1歳の子どもにしていることに思えますよ」

と思わず答えてしまいました。

厳しいことを言うようですが、**発育した4歳の子どもを無理やり引っ張って行ったり、おやつを与えたりしてご機嫌をとっているのは、お母さんが子どもに、「あなたは赤ちゃんよ。赤ちゃんだから、ぐずぐず言うのも許されるのよ」と言っているのと同じです。まさに「他己意識」ですね。**

無理やり連れて行って、お菓子を与えてごまかすような親子関係を続けていたら、親の言うことに耳を傾けない子どもになってしまいます。

子どもがどうしても病院に行きたくないときは、まず「子どもに情報を与えて考えさせる」ことです。たとえば耳鼻科の場合、

「○○ちゃん、どうして耳鼻科に行きたくないの?」

「ずるずるしたお鼻がそのままだと、ばい菌がお耳や頭に行って、お耳が聞こえなくなっちゃうかもしれないけれど、いいの?」

といったように。それでも「行かない」と言ったら、

「じゃあ、お耳が聞こえなくなってもいいのね。それなら、今から○○ちゃんには何も話しません。パパとママにもお話できなくなっちゃうけど、いいのね。その代わり、ジェスチャーっていうんだけど、お手々でお話しすることはします。

年中さんはこれから言葉の勉強もたくさんしなくちゃいけないのに、残念ね。自分の言いたいことも伝えられなくなるけれど、仕方ないわね」

こんなとき、お母さんは徹底して女優になりましょう。つまり、病院に行かなかったらどうなるか、病院に行ったらお医者さんに治してもらえる、などの情報を与えて、

子どもが自分で考え、自分から病院に行くような言葉かけをするのです。

たとえ1歳でも、自分で考え、行動できる子になる

まだ娘たちが小さい頃、私は予防接種に連れて行くときに、こんな言葉かけをしていました。

「今から〝予防接種〟っていうお注射をしに行くんだよ。そのお注射をすると、お風邪《かぜ》ひかないんだって。よかったね。風邪をひいてお熱を出したりすると、苦しくて何日もねんねしてお友達とも遊べなくなるものね。でもお注射すると風邪もひかないし、ばい菌をやっつけてくれるんだって。行く？」

最後に行くか行かないかを自分で選択させるような言い方を、1歳児のときからしていたのです。ですから、予防接種で娘たちが泣いたことは一度もありませんでした。

接種のあとは、私がニコニコして、

「よかったね〜、これで病気にならないね〜」

と安心した顔を見せると、子どもも安心した表情を見せます。

注射があるとは言わずに、子どもに黙って病院に連れて行くお母さんもいるようですが、お母さんが子どもをだますようなことはしないでください。子どものお母さんへの信頼を損ねてしまいます。

病院に行く、行かないの選択をさせるのは、将来、「子どもが自ら考え、自らの行動を選択する」ことにつながるからです。こうして考える経験を積むことによって、考えて行動する子どもになっていくのです。

22

大人に向かって大声で注意をする
↓
「正義感をもつとロクなことがない」という価値観を伝えていませんか

「うちの子は、大人に向かってびっくりするようなことを言うんです」

と、4歳の男の子のお母さんからの相談がありました。

聞けば、電車で帰省するときなどに、座席の脇に大きな荷物が置いてあると、大きな声で「邪魔だね」と言うそうです。

またあるときは、外で食べ歩きをしている人に向かって「あんなところで食べてていいの?」「立ったまま食べちゃいけないんだよ!」と言ったりするそうです。

そのとき、お母さんはドキドキしてしまい、「そんなこと言ったら、あのお兄さんに怒られちゃうわよ」と小声でたしなめました。

でも、それでは、子どもは「怒られなければ言ってもいい」と思うだけです。もっと言えば、子どもに「へたな正義感を持っても、いいことなどないわよ」と伝えていることになってしまいます。

私ならこう言うでしょう。

「たしかに○○ちゃんの言う通りね。でも○○ちゃんは、あのお兄さんにそのことを教えてあげる人なのかな？　違うよね。本当はあのお兄さんが大人になる前に、あのお兄さんのママやパパが教えてあげなくちゃいけなかったんだよね。でも教えてもらえないまま大人になる人もいるんだよ。○○ちゃんにはママがちゃんと教えてあげたから、気づくことができたんだね」と。

まず、子どもが気づいたことをほめてあげてください。そのうえで、誰もが一般常識や社会生活において正しい価値観を持って育つわけではないこと、いろいろな人がいるということを伝えるとよかったのではないでしょうか。

「どんな大人になってほしいか」のビジョンを持った子育てを

子どもが4歳、5歳以上になっている場合には、子どもに「どんな子に育ってほしいか」（どんな他己意識を持ってほしいか）を見すえた対応をする必要があります。

一般に、親は子どもの成長の後追いをし、教育者は成長の先を見るものです。誤解している人が多いのですが、教育は、「○歳になったから○歳の領域の学習をさせる」ものではなく、「○歳になったときにふさわしい言動をとるようになるために、事前に行う」ものだからです。

たとえば今4歳だとすると、教育者は「5歳になったときに、（発達段階に応じた課題・到達目標として）こんなふるまいができる子になってほしい」と思って、日々子どもの援助をします。

お母さん方は、「こんなことができるようになった」「こんなことを言った」というように成長の結果が見えてからなので、どうしても、わが子の後を追う傾向があります。その結果、成長・発達に関与するのではなく、お世話になってしまうのではないでしょうか。また、半年後一年後のイメージが浮かびにくいのだと思います。ですから、「こうなってほしい」というビジョンを持って子育てすることは難しいと思います。

もちろん個人差はありますし、子ども一人一人成長の度合いやスピードも違います。そこは、わが子についてのプロであるお母さんがしっかり見て、なにげない子どもの言動から、将来を見すえた伝えたい言葉を選んであげてほしいと思います。

23

きょうだいゲンカ →「お兄ちゃん（お姉ちゃん）だから、がまんしなさい」はNG

きょうだいがいると楽しいものです。でもその半面、毎日のようにケンカをする、ものの取り合いをする、といったお母さんの声もよく聞きます。

なかでも多いのは、食べ物とおもちゃの取り合いではないでしょうか。

きょうだい関係でも、お母さんの声かけひとつが、子どもたちにストレスを与えてしまうことがあります。

食べ物の取り合い

とくに「お兄ちゃん（お姉ちゃん）でしょ」と言われることの多い上の子は、譲ってあげなくてはならないことが多く、理不尽だと感じているかもしれません。

そんな上の子には、食べ物の取り合いでもめているときには、「お兄ちゃん（お姉ちゃん）はこんなに体が大きいものね。だからたくさん食べないと足りないよね。先に取っていいわよ」と、上の子に優先権を与えてもいいでしょう。

また上の子は下の子に比べて知恵が回りますから、いつもおいしいところを持っていこうとする場合は、

「さすがお兄ちゃんはいろいろなことを知っているよね。でも、それって本当にお兄さんらしいお兄ちゃんがやることなのかな？」

つまり、**上の子なんだから我慢しなさい、下の子に譲りなさい、ではなくて、年上だからいろいろなことを知っている、でも、そういう立場の人が特権を行使してもいいの？　あなたってそういう子だったの？　と問うのです。**これが本人に「考えさせる」ということです。この場合は、「年上だからって、甘い汁ばかり吸っていたかな。たまには譲ってあげようかな」と思えるようにもっていくのです。

一方、下の子は、泣いたり騒いだりすることで自分の思い通りにしようとするものです。そんなときは、

「どうしてもお兄ちゃんにおやつを分けてほしかったら、もう一度お兄ちゃんに頼ん

でみたら？」

「○○ちゃんはおやつがほしいんだね。それじゃもっと体を大きくして、もっと強くて大きくなったら、お兄ちゃんと同じくらい食べてもいいと思うよ。でも、今○○ちゃんがこれを食べちゃったら、夕飯が入らなくなっちゃうんじゃないの？　もし夕飯をぜんぶ食べられなかったら、『おやつをこんなに食べたからよ』って『明日のおやつはありません』って、ママ言っちゃうわよ。それでもいいの？」

と、ここでも一方的に叱るのではなく、下の子にも「考えさせる」のです。

よくあるのが、きょうだい二人で半分ずつ分けているのに、下の子が上の子の分までほしがるケース。下の子が先に食べてしまった場合であっても、母親としては、「(下の子が）あれだけほしがっているんだから、お兄ちゃん（お姉ちゃん）は、あげたっていいのに」と思いがちですが、それは上の子からみたらとても理不尽です。

もしも下の子に甘くしてしまうと、「大騒ぎすれば自分の思い通りになる」「お母さんはわがままを許してくれる」と思ってしまいます。

社会に出たら、きょうだい関係がどうだったかなど、全く関係ありません。「この人は下の子として甘やかされて育てられたから仕方ない」などと、誰も思ってくれないのです。

先の例のように、いつも下の子が先に食べ終わってしまい、上の子の分をほしがるパターンが定着しているようなら、下の子に、

「お兄ちゃん（お姉ちゃん）と一緒に食べたら楽しいわよ。お兄ちゃん（お姉ちゃん）が食べ終わるまで待てるかな？」

と言うなど、毎日ケンカをしないようにするための方法を考えるといいでしょう。

☆おもちゃの取り合い

上の子がおもちゃで遊んでいるときにかぎって、下の子がそのおもちゃをほしがるものですね。下の子にとって、お兄ちゃん、お姉ちゃんは憧れの存在ですから、無理もありません。

きょうだいでおもちゃを同じ箱に入れて使っているご家庭は、「その子個人のおもちゃ」と「きょうだい共通のおもちゃ」と、入れ物を別に分けておくといいでしょう。

個人のおもちゃを借りる場合は、きょうだい間でも「貸して」と言って許可を得てか

らでないと使ってはいけないルールを徹底します。それがぐちゃぐちゃになっているからもめるのです。

ただし共通のおもちゃに関しては、取り合いは起こり得ます。

下の子が上の子が使っているおもちゃをほしがるとき、**「（下の子に）貸してあげたら？」などとお母さんが子どもをコントロールすると、「考える力」は育ちません。**

「ねえ、お兄ちゃん（お姉ちゃん）、きっと○○ちゃんは、お兄ちゃん（お姉ちゃん）が楽しそうに遊んでいるのを見て、やりたくなっちゃったのよ。○○ちゃんだったら、こんな遊び方は思いつかないものね」

こんなふうに、「お母さんはあなた（上の子）をこう見ているよ」ということを事実として伝えます。決して上の子のプライドをくすぐるという意味ではありません。

お姉ちゃんとしても言われてまんざらではありませんから、「仕方ないな、1個くらい貸してあげようかな」「一緒に遊んであげようかな」と思うかもしれません。

下の子にも「お姉ちゃんが遊んでいるのを見て遊びたいと思ったの？」と言い、「うん」と答えたら、

「そうだよね。お姉ちゃんのあんな遊び方、思いつかないものね。お姉ちゃんだから

いろいろな遊び方を知っているのよ」

下の子に話すことで、**上の子に直接話しかけなくても、上の子の他己意識を上げることができるのです。**

『北風と太陽』という童話を知っている人は多いでしょう。子どもに自ら考え、動いてほしいとき、北風のように「さっきから遊んでいるんだから、もういいでしょう！」「早く貸してあげなさい！」というよりも、太陽のようなアプローチで、子どもの他己意識を上げることで、かたくなに脱ごうとしなかった子どものコートを脱がせてあげましょう。

☆ きょうだいを叱るときのテクニック

きょうだいを叱るとき注意したいのは、ほかのきょうだいの前で一人を叱ってしまいがちだということ。たとえば、下の子を叱ろうとすると上の子が「そうだ、そうだ！」と加担して、ますます下の子を泣かせてしまう……といったことがありませんか。

その場合、「今、お母さんは〇〇ちゃん（下の子）と話しているんだから、言いたいことがあったら後で言って」と外野をシャットアウトして、できれば下の子を別の部屋に連れて行ってお母さんと二人きりになるようにしたほうがいいでしょう。

もう一つ、別室に連れて行かなくても、お母さんの話に耳を傾けさせるテクニックがあります。それは、**叱りたい子どもを部屋の隅に連れて行って話を聞かせること**。

「それならいつもやっている」というお母さん、では、子どもは部屋のどちらを向いていますか？　部屋の隅に子どもが背中を向ける形で追いやって話を聞かせようとした場合、子どもの目には何が見えているでしょうか。

子どもの視界には、時計や棚のおもちゃなど部屋の様子がよく見えています。

一生懸命お母さんが話して聞かせているのに、目がキョロキョロして聞いていない……。お母さんが子どもに「壁ドン」しているような状況で何を話しても、子どもは気が散ってしまい、集中して聞けないことが多いのです。

子どもとお母さんの位置を逆にしましょう。つまり、部屋の隅にお母さんの背中がくるようにし、子どもをお母さんと向かい合わせで立たせるのです。

こうしておけば、子どもの視界には、ほとんどお母さんの顔しか入ってきません。お母さんしか見えませんから、お母さんの話を落ち着いて聞けるようになるのです。

24

恥ずかしがりや、おとなしい子
↓タイプに合わせて「自己イメージ」を変えていく

わが子がおとなしくて心配、恥ずかしがりやで人前に出るのを嫌がる、という悩みもよく聞きます。

おとなしい子には二つのタイプがあります。一つは、外に自分の内面を出さないようにしたほうがいいと学習した子、もう一つは、本当に内気でおとなしい子です。

学習したうえでおとなしい子には、お母さんから「○○ちゃんはいい子でしょ。××ちゃんみたいに、あんないたずらしないものね」といったように他己意識を植えつけられているケースがあります。

このまま大きくなって思春期になったときに、お母さんから植えつけられたイメージと、本当の自分との間のギャップに苦しむこともあります。自分の気持ちを出せないままでいたのに、あるとき急に人が変わったように殻を破ることもあります。

本当におとなしい子は、意欲的ではないものの、基本的に情緒が安定しています。おとなしいことが苦ではなく、ママがそばにいてくれれば安心という状態です。

「年長さんだったら、恥ずかしいなんて言わないよ」

恥ずかしがりやにも、同じように学習して恥ずかしがりやを演じているタイプと、本当の恥ずかしがりやの2タイプがあります。

自分で分かっていて演じている場合、「わたし、恥ずかしいからこんなことできないの〜」と、昔でいう「ぶりっ子」のような話し方をしたり、「ご挨拶は？」と言っても、本当は挨拶ができても、もじもじして言わなかったりします。恥ずかしがりやを自分自身で演出しているのです。

なぜそんなことをするかというと、言いたくない相手には何も言わなくてもすみ、やりたくないことはやらなくてすむということを学習しているからです。

でも、小学校ではそれは通用しません。このままでは本人が困る場面が多くなってしまいます。もちろん、これからご紹介する言葉を使ったほうがよいかどうかは、子どものタイプを見極めたうえで行ってください。そして、「ぶりっ子は通用しない」ということを示してあげなければなりません。

たとえば、その子が年長さんなら、

「恥ずかしくて言えないの？　本当に言えないならいいけど、なんか年少さんみたいね。年少さんならどうぞ、年長さんの遊びはしないで年少さんの遊びをしていてください」

と、その子の今の状態に見合うような厳しいことをわざと言います。

「ううん、私は年長さん！」というようなことを子どもが言ったら、

「えーっ、年長さんだったら恥ずかしいなんて言わないで、聞かれたことにも答えられると思うわよ。だけど、〇〇ちゃんは恥ずかしいからって、結局言わないほうがいいなと思って言っていないんじゃない？」と。

年中〜年長児なら、こんな言い方をしてもいいでしょう。この頃になると、だんだん「人は自分をどう見るか」ということを理解し始めます。ですから、子どもの側から、大人が子どもである自分に間違った他己意識を持つように操作するのです。

つまり、「おとなしい私」「恥ずかしがりやの私」というイメージを、逆に大人に植

えつけるということです。子どもは本当によく分かっているのですね。

一方、本当におとなしく、恥ずかしがりやタイプの子は、みんなから見られているだけで立っていられなくなってしまうケースさえあります。そういう子には、場に慣れるということから始めます。

はじめは人前で名前を言えるだけでいいのです。

「みんなの前でお話ししてみようよ。何も言わないでいることのほうが恥ずかしいんだよ。先生、お手々握っていてあげるから大丈夫」

と手を握って安心させ、もしも上手に名前を言えたら、拍手をして、言えたことを認めてあげます。そういう機会を少しずつ増やしてくのです。

挨拶ができないとき

内気で恥ずかしがりやの子どもをもつお母さんなら、「元気に挨拶ができない」と悩んだことがあると思います。

つい「ご挨拶は?」と声をかけてしまいがちですね。でも、本来、挨拶は促されてするものではありません。知っている人とすれ違ったとき、自然に挨拶をする子になってほしい場合は、お母さんが模範を示すしかありません。

わが家の次女は、幼いとき本当におとなしく恥ずかしがりやでした。そこで私は普段なら会釈程度ですれ違う人にも、遠くから近づいてくると、大きな声で「こんにちはー」と挨拶をするようにしました。すると、時間はかかったものの、少しずつ自分から挨拶するようになったのです。

手を挙げて発表ができない

また、おとなしい子や恥ずかしがりやの子は、授業や発表などで、挙手も少ないでしょう。授業参観で見ているとき、「答えはわかっているはずなのに、なんで手を挙げないのかしら」という気持ちになると思います。

そんなときは(授業参観のあとで)、

「○○ちゃん、全然手を挙げていなかったけど、分からなかったの?」

と聞きます。

「分かっていたよ」と子ども。

「分かっているのに、どうして手を挙げなかったの?」

ここで初めてこう聞きます。

「あてられて発表するのが嫌だもん」「恥ずかしいもん」などと言ったら、

「そうか。先生は答えが分かったら手を挙げてって言ったのに、分かっていて手を挙げなかったら、先生は、先生の話を聞いてくれなかったんだなって思っちゃうんじゃないの?」

つまり、子どもがとった行動の結果の意味するものを、お母さんは伝えてあげましょう。恥ずかしいから手を挙げないままでいるのか、恥ずかしくても手を挙げるようにするのか、それは子ども自身が考えるところです。

ただし、同じことを伝えるつもりでも「分かっているのにわざと手を挙げてないって先生は思っちゃうんじゃない?」という言い方では、ネガティブに伝わってしまいます。くり返しになりますが、わが子が望ましい行動を起こすように導くためには、ネガティブではなくポジティブな、明るい未来につながる言葉かけが大事なのです。

25

みんなの中に入れない
↓どうすればその子が入っていけるか
工夫が必要

私が幼稚園の教師時代、年長クラスのみんなで一つの作品をつくるとき（共同制作）に、みんなの輪の中に入れない子どもが必ずいました。

子どものつまずきの原因はさまざまです。

①先生が話した課題の説明が理解できない（それ以前に、聞く力がないケースも）
②理解はできたけれども、その後何をしたらいいのか分からない
③何をしたらいいのかはわかったけれども、それを実行する技術的な力がない
④人との関わりが原因で、その場に入れない

④にもいくつかケースがあります。

「入りたいけど、普段〝おとなしい私〟でいるから……やりたい気持ちを出すと普

段の私と違ってしまうから入れない」「いつも何かやろうとすると、△△ちゃんに、○○ちゃん、違うよ！　と強く言われてしまうから、どうしよう（自分のやることが正しいのかどうか分からずフリーズしてしまう）」……などなど。

もし、わが子がみんなの中に入っていけないのなら、どういう理由で入っていけないのか、お母さんなりに考えてみましょう。原因が分かれば、どのような言葉をかけてあげればよいのか、次のステップにいくことができます。

共同作業ができる子に

本当は絵を描くのが好きなのに、おとなしくて自分から輪の中に入っていけない、と悩んでいた5歳の女の子のお母さんがいました。私のアドバイスはこうです。

「○○ちゃんって絵を描くのが好きだよね。今日、みんなと一緒にやるのかなと思っていたけど、どうしてやらなかったの？」

「だって……」（ぐじゅぐじゅ理由を言う女の子）

「誰かがやろう、と言ってくれるのを待ってたの？　○○ちゃんも一緒にやっていたら、きっと楽しかったんじゃないのかな。残念ね」

「やればきっと楽しいんじゃないかな」とポジティブな言葉かけをしつつ、子どもにどうしたらよかったのか、考えさせるのです。

将来を見据えたときに、みんなの中に入れなくて困るのは、その子自身です。学校生活だけでなく、社会に出てからも人と関わることなくして人は生きていけません。どこに行っても共同作業というのは常にあるでしょう。

「共に働く（共働）」「協力して働く（協働）」――いろいろな意味での仲間と共にいることができる子どもになってほしいものです。

登園・登校をいやがる

もう少し深刻なケースに、「子どもが幼稚園や学校に行かない」というものがあります。

できればお休みさせたくないのですが、幼稚園でもいじめがある時代ですから、無理やり行かせることがよいこととはいえません。

「今日は顔色が悪いわね。お休みして家でおとなしくしていようか。そうすれば、きっと明日元気に行かれるわよ」

と言って、精神的にも肉体的にも休ませてあげましょう。

でも、もしもわがままで「行きたくない」と本人が言ってお休みした場合は、お母さんにしてほしいことがあります。幼稚園や学校に行ったのと同じように家庭ですごさせることです。

つまり、自分の好きなおもちゃで遊ばせたり、見たいテレビを見せたり、ゲームをやらせたりしてはいけないのです。

「今は、本当はお勉強している（お友達と遊んでいる）時間なのよ。ママはあなたの先生じゃないから教えてあげられないけど同じように過ごしてね」

と言って、おもちゃやテレビは絶対阻止してください。「ここにあるおもちゃは幼稚園のものではないのでさわらないでね」と。

昼食も、お母さんは一緒に食べてはいけません。お弁当持参の日だったら用意したお弁当を、給食の日だったら、そのようなものを用意し、一人で食べさせてください。「一人で食べるのが寂しかったら、幼稚園（学校）でお友達と食べて」と言います。

ほかの友達が帰宅する時間になったら、おもちゃもテレビも許可します。

「（幼稚園や学校に）行かないと、こんなにつまらないんだ」ということを味わってもらうのです。

休むことによって家庭で自由に好きなことができてしまうと、ずるずると休み続けてしまいます。

「幼稚園や学校に行かずに、家にいても何も楽しいことがない。だったら行ったほうがいいかな」と子どもが思えば、成功です。

26

ゲームをほしがる ↓ 持てないものに不満をもつ子は幼い

今は乳幼児の頃からゲームを持っている子が珍しくありません。

「みんな持っていてうらやましい」「誕生日にゲームを買って」と毎日のように言われて困っている、と幼稚園児のお母さんから相談を受けました。

私の考え方はとてもシンプルで、「それがその子にとって必要か不必要か」ということだけです。ゲームを手にすることによって、どういうことが起こるのか、買わないとどうなるのかを子どもにきちんと伝えるといいと思います。

「ゲームがそんなにほしいのね。お友達がみんな持っているんだね」

と同調したうえで、

「でもね、ゲームをしていると頭でたくさん考えているように見えるけど、実際に動いているのは。おめめと手だけなんだって。目も悪くなると、お友達と遊んでいるときに見えなくて、ボールがぶつからないかなってすごく怖いらしいよ」

「ゲームは、毎日何時間でもやりたくなっちゃうの。そうなると本当にやらなきゃいけないことも、やりたくなくなっちゃうんだって。そうなってもいいのかな？」

「お友達がそんなに持っているなら買ってあげたいけど、外に出かけてもずっとゲームばかりしているお友達もいるじゃない？　それよりもパパとママと出かけたときにたくさんおしゃべりしたほうが楽しいと思わない？」

「○○ちゃんがゲームをずっとやってたら、ママもやりたくなっちゃうかもしれないよ。ママもずっとゲームをやって楽しくなっちゃったら、○○ちゃんが『おなかがすいた』って言っても夕飯もつくってあげられなくなっちゃうけど、いいのかな」

……といったように、こういうことが起きてくるよ、というケースをたくさん話しましょう。すると、子どもなりに考えるようになります。

「ダメなものはダメ」では考える力は育たない

なかには、「△△ちゃんや□□ちゃんはゲームをやっていても目が悪くなってないよ」と口答えもするでしょう。それもたしかに事実です。だから、「そのうち目が悪くなるのよ」などと言っても何の説得力もありません。お母さんはただ「あなた（子ども本人）にとってどんなことが起こるか」を伝えるのです。

このネット社会で、情報を与えることをしないで、ただ「ゲームはダメ」というだけでは、子どもは釈然としないでしょう。

説明なしに禁止することは、たとえ幼児に対してでも、やってはいけないことだと私は考えています。どんなに小さな子どもにも、「本物を見抜く力」をつけてほしいからです。

本物を見抜く力とは、つまり「考える力」でもあります。

「みんな持っているから（買って）」という子には、本当にみんな持っているかどうか、「じゃあ、Aちゃんは？　Bちゃんは？……」と一人ずつ聞いていきます。すると全員ではないことが必ず分かります。

「みんな持っているなら、仲間はずれになってかわいそう」と思うことはありません。子どもはそういう言い方で、お父さんやお母さんに自分の希望を実現してもらおうとしているだけなのですから。

☆ 自分の部屋がほしい子には

もうすぐ小学生という年齢であれば、子どもに自分の部屋を持たせるべきかどうかも悩むところです。「△△ちゃんは、いいな。自分の部屋があって。私もお部屋がほしい」と言ったら、どうしましょう。

たとえ物理的に厳しくても、「うちは無理よ」と結論を伝えないでください。まず、「自分の部屋で何がしたいの？」と聞きます。

「自分のベッドがほしい」「本をしまう本箱がほしい」「きょうだいが邪魔してくるから、みんな一緒の部屋はイヤ」など、その子なりの要望を聞いてあげます。その内容にもよりますが、部屋を仕切って、その子のスペースをつくるなど、可能な限りその子が落ち着ける場所をつくってあげることはできます。

ただ、小学校低学年くらいまでは、リビングで学習をするほうがいいといわれています。「リビングで勉強している子のほうが自分のお部屋で勉強する子より成績がいい」など、お母さんの持っている情報を子どもに伝えてもいいでしょう。そのうえで、

「自分の部屋でもいいけれど、分からないことがあったときに、すぐにママに聞けないけれど大丈夫？」

「ママが夕飯づくりで揚げ物をしていたら手が離せなくなるのよ。そんなときに話しかけられても聞こえないかもしれないし、様子も見に行ってあげられないかもしれないわよ」

と、事実は事実として、できるだけ具体的に伝えるのです。ゲームをほしがるときと同じです。「あなたにとって、どういうことが起こるか」をイメージさせたうえで、必要か必要でないかを自分で考え、判断させるのです。

具体的であればあるほど、子どもなりに考えるようになります。「それでもほしい」と思うかもしれないし、「まだ自分の部屋はいらないな」と思うかもしれません。

そして、この章の最後にお伝えしたいのは、「△△ちゃんは自分の部屋があっていいな」と、持つことができないものに対して羨《うらや》んだり不満を持ったりするのは、精神的に幼い証拠だということです。

ただ、人と比較するのは幼さである一方、賢さでもあります。自分の持てるもののなかで小さな幸せを幸せだと感じる子どもになってほしいですね。

第3章

子どもを
大きく成長させる
小さなこと

27

3歳までにコミュニケーションの基本を身につければ、「自分からやる子」になる

第1章で、お母さんの無責任な言葉かけは子どもの信頼を失う、というお話をしました。

やるかやらないかの判断を子ども本人にゆだねることをせず、「さあ、やってみよう！」と言葉かけをしてしまうと、自ら行動することができない子どもになってしまうからです。

たとえば、教室で2、3歳児に「次に何をやるの？」と聞くと、「お絵かき」と次にやることを答えられても、立ったまま何もやろうとしない子がいます。お母さんのほうを見て、お母さんの目配せや、「○○ちゃん、やったら？」「できるでしょ？」という合図を待っているのです。

毎朝、登園までの時間をだらだら過ごしていて、いつまでたっても出かける様子の

ない子どもの場合も同様です。こういう子は「お母さんが声をかけてくれるまでだらしていても大丈夫」と思っているのです。

ずっと子どもに張り付いて、1から10まで声かけをして世話を焼いているお母さんは、「この子は言わないと何もやらない」と言います。でも、子どもからしてみれば、「お母さんが声をかけてくれるから、声をかけられたときに言われたことだけやればいい。だから言われるまで何もやらない」と思っているのです。

求める前に、与えてはいけません

時間はかかっても本人なりに頑張っていることに対し、見守ることができず、つい手を出してしまうお母さんは、子どものやる気を損ねてしまうこともあります。

時間はかかっても本人なりに頑張っていることに対しては、お母さんは見守ってほしいと思います。

子ども自身の力でできたときに「できたね～」と言えば、子どもは「できる喜び」を得ることができます。ところが、それが待てない、せっかちなお母さんは、「こうやればいいのよ」と、つい手を出してしまいます。その結果、子どものやる気の芽を摘んでしまうこともあります。

よくあるのが、のどが渇いていない子どもに、

「のど渇いた？　牛乳？　お茶？　ここにあるわよ。飲む？」

子どもが求める前に何でも与えてしまうのです。子どもは飲みたくもないのに与えられてしまうから、それもおいしいと思わなくなります。

でも本当にのどが渇いているときなら、ただの水でもおいしいですし、体にしっかり吸収されていくでしょう。

実は学習も同じです。

本人が本当に求めているとき、やりたいという前向きな気持ちになっていなければ、しっかりと吸収していかないものです。

ですから、求める前に絶対に与えすぎてはいけないのです。

子どもがやりたいと思っていないのに、毎日のように習い事をさせているのも同じこと。何をやっても同じ、だから何をしても感動しない、何をやっても実感がもてな

い、つまらない、感情が動かない子どもになってしまうことさえあるのです。

私の教室の、あるお母さんから手紙をいただきました。

入室して子どもが変わった。何に対しても興味を持つようになった、という内容でした。

それは私がその子に特別な指導をしたからではなく、子どもにとって環境（お母さんも人的環境）の大切さを学んだお母さんの家庭での声かけが変わったから。単純に、子ども自身、知ることやできることが「楽しい」「面白い」と感じるようになったということなのだと思います。

人間にはいくつになっても知る喜びがあります。とくに小さい子どもは向上心のかたまりです。

それが3歳までのお母さんとのコミュニケーション次第で、4、5歳になったとき向上心が減ってくる子どもが出てくるのは残念だと感じます。

だからこそ、このターニングポイントとなる4、5歳の時期のお母さんの声かけは大切なのです。

28

4〜6歳児には、「子どもを尊重する言い方」をすると、子どもも「友達を尊重する言い方」になる

「うちの子は、お友達への言葉がきついんです」

年中の女の子のお母さんから、よくこんなことを相談されます。

それは家庭でのお母さんの言葉かけに原因があることが多いのです。

「○○ちゃん、早く片づけなさい」「○○ちゃん、ダメよ」……

このような言葉は、親から子どもにかける分には違和感がありません。しかし、友達同士だとしたらどうでしょう。

いつもお母さんが家で言っているようにお友達に向かって、「○○ちゃん、おもちゃをこっちに持ってきなさい」と言ったとしたら……。

4、5歳になると、「○○ちゃんはいつも〜しなさいって言うから、もう遊びたくない！」と友達に言われてしまうこともあります。お母さんの家庭での言葉かけが、人

間関係にまで及んでしまうのです。

「ダメ」「〜しなさい」といった命令や禁止を示す言葉はとても便利ですが、人間として尊重することの対極にある言葉です。

「○○ちゃん、○○してみる？」というように、やる・やらないは子どもに判断させる。あるいは、「○○ちゃん、次は何をやるんだったっけ？」と、やるべきことを思い出させるような言葉かけに変えていくといいでしょう。

たとえわが子であっても、相手の気持ちを尊重する言い方をしておけば、「○○ちゃん、このおもちゃで遊ぼう」「かくれんぼする？　一緒にやろう」というように、子どもも友達を尊重する言い方ができるようになるでしょう。

頑張る自分を好きな子に

4、5歳頃は、子ども自身もある程度自分のことを分かってくる時期です。体を動かすのは得意だけれど絵や工作は下手だ、など、自分の得意・不得意も分かってきます。
ですからお母さんの言葉かけだけで「頑張れ」と言われても、それが不得意だと本人が思っている場合は、「頑張りたくても頑張れないんだ」と思ってしまいます。苦手だという子どもの思い込みを変えてあげる必要があります。

第1章でもふれましたが、絵なら、絵全体を見るのではなく、「部分をほめる」ことが大切です。

「ここはそっくりに描けているわね」「青と赤を隣同士に描いてるのね。ママ、この色合い好きだな」など。すると子どもは**「お母さんはちゃんと見ていてくれる」と思いますから、やる気につながるのです。**

「やっているときに楽しい」と感じてもらうために、お母さんの言葉かけが大切です。

お母さんが子どもにどんな他己意識を与えるか、それによって「もっとやってみよう」と頑張る子になるか、「苦手なものは苦手なんだよ」とめげてしまう子になるかの分かれ目となる、とてもシビアなことなのですよ。

29

成長の階段を上るために「年中さん」は大事な時期

何をするにも手間がかかる年少さん、少しずつしっかりしてきて、小学校の入学に向けてお母さんのほうも気合いが入る年長さん。その間にある年中さんの時期は、お母さんもちょっと安心して気がゆるむ時期でもあります。

でも実は年中さんの時期は子ども自身が「ためている（熟成している）時期」でもあります。**子どもの成長は、〝坂道〟ではなく〝階段〟です。**

お母さんが一生懸命刺激を与えて頑張っているとき、同時に子どもが泣いたりひっくり返ったりして大変な思いをしている時期、それを一つクリアすると、階段を一段上がるように、子どもは急に成長します。

年中児は、客観的に見ると成長は停滞しているように見えますが、この停滞しているように見えるときこそ、子どもはいろいろなものを吸収しています。

「今は何も問題がないわ」とお母さんがちょっと安心しているこの時期に、たくさん子どもとコミュニケーションをとり、刺激をして、お母さんや家庭の価値観を一つ一つしっかり伝えておきましょう。

一見落ち着いて見えるこの時期に当たり前のことをきちんと伝えておかないと、一般常識から外れることを平気でやってしまう子どもになってしまうかもしれません。

「いけないこと」をする前に、善悪の価値基準を教える

親というものは、子どもがやってはいけないことをしたときに初めて、「いけません！」と言うものです。そうではなくて、普段の生活のなかで、折にふれて大切なことを伝えておきましょう。

4、5歳になったら、子どもに大切なことを伝えるときには、次のようなスタンスで話してあげてください。

「お母さんは、あなたに知っておいてほしい大切なことをお話しします。それはあなたが、もうこういうことを理解できる年齢になっていると思うから話すのよ」（あく

まで親の意識として）。

するとと子どもなりに、

「お母さんはこういうことを、ぼく（わたし）に言っている。そうか、もうぼく（わたし）は赤ちゃんじゃないんだ」

「もう赤ちゃんではないから、こういうことに気をつけないといけないんだ」

と思うようになります。

言葉で「あなたはもう赤ちゃんじゃないんだから」と言うよりも、ずっとずっと子どもの心に伝わるのです。

30

自分の子育てを信頼しよう！子どもは「お母さんが見ていないところ」で成長しています

2歳児クラスの教室でのことです。

教室のドアを開け、子どもが席につくまで、いつでも子どものそばに張りついて、じっと見ているお母さんがいました。

「頑張ってね」と言ってすぐに外に出て行くお母さんがほとんどのなか、そのお母さんは当たり前のように、靴を脱いで靴箱に入れるところから上着をハンガーにかけるところまで一挙手一投足を、まるで監視するかのようにじっと見つめています。

すると**不思議なもので、お母さんが心配して見ていると、子どもはグズグズするのです**。

お母さんが見ていることで、「ちゃんとできるか見られている自分」を意識しているからなのです。結果的に、子どもが自分で考えて行動することを阻んでしまうのです。

これが4、5歳になると、子どものほうでもはっきりと「ママは自分にまかせてくれていない。ママは信じてくれていない」と分かってしまいます。

お母さんが心配して見つめていることで、かえって、「できなかったら教えてもらう自分」という他己意識がつくられ、自己イメージを下げてしまうのです。

本当は、子どもはお母さんが見ていないところで成長します。お母さんが見ていないと、普段とは違う動きを見せるものなのです。

子ども同士のトラブルに親は口出ししないほうがいい

幼稚園や保育園などの集団生活に入ったわが子の姿は、成長を感じるとともに寂しいものですね。私の手を離れないで！　と思います。

でも、もうお母さんの入る領域ではない、と考えたほうが、子どもの自立につながります。なぜなのか。それは西部劇の世界にたとえるとご理解いただけるでしょう。

お母さんたちのいる場所「大人界」は、西部劇にたとえると、治安がよく、秩序が保たれている大きな町です。こちらには判事や裁判官もいて、法の秩序が保たれています。

一方、子どもたちが集団生活を送っている場所「子ども界」は、小さな集落です。園には先生や保育士さんという保安官はいるけれど、ある意味、西部劇の世界ですから、保安官の力次第でもあります。

たとえば「すべり台は順番に並んですべりましょう」と言われても、割り込む子もいれば、前の子を押してしまう子もいるかもしれません。いつまで待っても自分の番が回ってこないわが子がおとなしい子の前に立ったとしても、外野であるお母さんが、「ちゃんと並ばなきゃダメじゃない！」と言えるでしょうか。

それは、お母さんが大きくて安全な町にいるから言えることなのではないでしょうか。教師や保育士は万能ではありません。また、仲裁することが子どもにとっていいこととは限らないのです。ある意味、**押されたり嫌な思いをしたりすることも、子どもにとっては貴重な体験なのです。**

このように、子どもは母親から離れたところで成長しています。ですから、**集団生活に入れた以上、集落の保安官である教師や保育士さんを信頼しおまかせして、子どもの知恵や生きる力にまかせるしかない**のです。

家庭を安らぎの場にすれば、子どもは元気を取り戻す

　ですから、幼稚園や保育園から帰ってきた子どもに、

「今日は何をしたの？　誰と遊んだの？　なんか嫌なことはなかった？　楽しかったの？」

などと聞いてはいけないのです。子どもは聞いてほしいことがあれば、自分から話すことでしょう。

　もしも子どもが嫌なことがあった、とネガティブなことを話しても、決して、

「そういうときは、〇〇ちゃんにダメだよ、って言いなさい」

とお母さんは方略としての情報を伝えてはいけません。また、

「〇〇ちゃんはそんなことしても、あなたはしちゃダメなのよ」

などと言いたくなりがちですが、お母さんの価値観を伝えているにすぎません。いわば治外法権の場のことですから、子どもが自分で立ち上がる力を育てるための言葉かけをする必要があります。

「今日、嫌なことがあったの」と子どもが自分からネガティブなことを話すときは、**「そうなんだ。○○ちゃんがこんなことしたんだね」「あなたのそういう気持ちは分かるよ」と復唱して共感するだけで、子どもは元気を取り戻すでしょう。**何も、意見や感想を言う必要はないのです。

お母さんにできることは、「また明日、その場所に行こう」と子どもが思う力を与えてあげるために、家庭を安らぎの場にすることなのです。

嫌なことがあった日は、大好物のおやつや食事を用意してあげましょう。また、アルバムでも広げて、「小さい頃のあなたは、どんなにかわいかったか」「あなたがいることで、どんなに楽しかったか」を話しながら、お母さんにとって「あなたは大事な子、必要な子」というメッセージを間接的に伝えるのです。

言葉は大切ですが、こんなときに「あなたは大切な子なの」などとダイレクトに伝えても、子どもの心には届かないでしょう。

何度もくり返しますが、お母さんには、その場の目先のことを解決するのではなく、わが子がどういうふうに育ってほしいか、という視点で日々接してほしいと思います。

31

子どもは「生もの」と同じで、日々変化する

お母さんはお腹にいるときからわが子と一緒だったので、わが子の過去のデータをたくさんもっています。だからこその落とし穴があります。

わが子が何かいけないことをしたときに、「ああ、またやっている！」と思いがちだということです。

今起こっている状況に対し、過去のデータを当てはめてしまうのです。そして、決めつけてしまう。そんな経験はありませんか。

でも、本当は違うのです。子どもは日々の生活から学んでいます。つまり、**昨日のわが子と今日のわが子は同じ子ではない**のです。

私が常々、**「子どもは生もの」**と言っているのは、子どもが日々どんどん変化していくものだからです。成長ばかりしているわけではありません。

食べ物でたとえると、冷蔵庫に入れるべきものを入れないと、腐ったりしますね。つまり、ケア（援助）次第では、いじけるようになったり赤ちゃん返りしたりしてしまうからです。

「また、やってる！」と思わずに、子どもの話に耳を傾ける

子どもが友達と遊んでいるところを離れたところで見ていると、わが子が友達に「あっち行け！」と怒っていたとします。

たいていのお母さんは事情も聞かずにいきなり、

「どうしてそんな言い方をするのよ、お友達びっくりしてるじゃない！」

と言ってしまうのではないでしょうか。

「またそんな言い方して……。何回言ったら分かるのよ」

と言うお母さんもいるかもしれません。

子どもがしていることは傍《はた》から見たものと違い、子どもなりに理由があってやっていることが多いのです。

それなのに、このような言い方をされると、子どもは、**「ママは自分の気持ちを分かってくれない」「自分は正しいことをしたのに、なんで怒られなくちゃいけないんだ」と不信感や反抗心がわいてしまいます。**

これでは、お母さんが関わったことによって、プラスになるどころか、かえってマイナスになってしまうのです。

このような行動をしたときに「また、やってる！」と頭に血が上っても、**「どうしたの？」と理由を聞いてあげましょう。**

すると、「うちの子は順番を守ってほしかっただけだったんだ。でも、うまく言えずにあんな言い方になってしまったんだな」「うちの子の言っている裏にこんな事情があったんだな」ということが分かるでしょう。それを何も聞かずに「何回言ったら分かるのよ！」と言われてしまったら、子どもも立つ瀬がありませんよね。

お母さんとして、「あなたがどう思ったから、あんな行動にでたのか。それを知りたい」「お母さんはあなたを一人の人間だと思っているから、あなたの話に耳を傾けるのよ」という姿勢は、言葉に出さなくても必ず子どもに伝わります。

☆相手に嫌な気持ちをもたせずに気持ちを伝える

では、先ほどの「あっち行け！」という言い方をする子どもには、どういう対応をとればよかったのでしょうか。

まずは「○○ちゃん、ちょっと」と子どもを2、3メートル離れた場所に連れて行き、「今ママが見ていたら、あなた、お友達に『あっち行け』って言ってたけど、どうしてそう言ったの？」と聞きます。

子「だってぼくのおもちゃを取ったんだもん。ぼくが次に使うって言ってたのに、先にとっちゃったんだ」

母「そうか。でも『あっち行け』って言われたお友達はどう思う？」

子「うーん……」

母「本当はなんて言えばよかったと思う？」

子「わかんない」

母「『次はぼくの順番だよ』とか、『ぼくの番って言ってたの、覚えてる？』って言ってもよかったんじゃない？」

このように、子ども自身に問題点を考えさせ、言い方を選択・判断させる言葉かけをします。どの言い方を選ぶかも子どもにまかせましょう。

「ママはここで待っているから、お友達にもう一回言ってきたら？」と、子どもを一人で行かせます。もしも、わが子が話をしても、お友達が分かってくれなかったり怒っていたら、ここで初めてお母さんの登場です。

「分かってもらえなくて残念ね。でも、さっき『あっち行け』って言っちゃったから仕方がないわね。あとで、もう一回言ってみようか」

というふうに言ってみてください。

最近、考える力が育っていないために起きている事件が多いと感じます。ネット社会では、軽い気持ちで投稿しておおごとになったケースや、悪意に対するコントロールのなさも目立ちます。

今の世の中、人に嫌なことを言われたりされたりすることは多いかもしれません。

そんなとき、怒りにまかせずに「ちょっと待てよ」と立ち止まり、自分の思いを相手に分かってもらうにはどうすればいいかを考えられる人になってほしいものですね。

相手に嫌な気持ちを抱かせずに自分の気持ちを伝えることは、大人でも難しいものです。

感情の自己コントロールと思考力、そして、コミュニケーションスキルを身につける。それは一朝一夕にできるものではありません。

幼い頃からのなにげない人との関わりの積み重ねからなのです。

32

他己意識を使って「人として恥ずかしいこと」を教えよう

お友達のボールを黙って持って帰ってしまった5歳の子どもがいました。

こんなとき私は、「人のものを持って帰ってはいけません」という叱り方はしません。どう伝えるかというと、**「あなたは平気でこういうことをする子だと、思っていいのね」という言い方をします**。

一見すると、とても厳しい接し方に見えるかもしれませんが、4、5歳の子どもなら、**「そんなふうに思われるのは嫌、そう思われたくない」**という気持ちをもちます。

次に、「じゃあ、どうすればよかったのかな?」と考えさせると、子どもは自分で「あのとき、友達のボールを持ち帰らなければよかった」などと、自分なりの結論を導き出すのです。そう子どもが言ったら、「そうだよね。誰のボールか分からない、でも、自分のボールではないのは確か。もしそうだったら、持って帰るのはおかしいよね」

と言います。

「悪いことをしたんだから、あやまりなさい」などと決して責めてはいけません。

前にも述べましたが、幼い子どもでも「自分を一人の人間として認めてくれている」「一人の人間として真剣に接してくれている」ということは言葉や態度で伝わるもの。

「できない～」と言っていじけている子には、「そうなんだ、○○ちゃんはできないんだね」と言ったりもしますが、これは「あなたはちゃんとできる子だととらえている（他己意識）のに、そんなことを言っていいの？」というメッセージなのです。すると、その子なりに奮い立ち、「できるもん！」と言い返す子どもがほとんどです。

自分自身を恥じる

約束を破った子がいれば、「君は自分で言ったことを平気で破るんだね。そういう子だって思っていいのかな？」と言います。

子どもはよく、やっているのに「やっていない」と言うことがあります。そんなときも、「やったでしょ！」と責めたりしません。

「君がやったってことは、先生の頭の中のコンピュータに入っちゃった。もう消えないんだからね。それなのにやっていないって言うんだ……やったことをやっていないと言っている。そういう子だと思っちゃうけど、いいの？」と言うこともあります。

ポイントは、決めつけた言い方をしないことです。「あなたはそういう子だったのね」ではなく、「そういう子だと思っていいのかな？」です。

ここで私が伝えているのは「恥」です。その子どもが**（人としていけないことをした）自分自身を恥じる**ということです。

親がこんな言い方をすると、子どもが傷ついてしまうのではないか、きつすぎるのではないかと危惧するお母さんがいますが、そうではありません。くり返しになりますが、子どもを一人の人として認めているからです。そして「きっとわかってくれる」と信じているからなのです。

子どもの嘘は嘘ではないという先生もおられます。実際、そうだと思います。でも、現実に目の前でしたことをしていないと言い張る子どもに、言い逃れをして成功した、という体験を積ませたくないのです。きっと、お母さん達もそうではないでしょうか。

第4章

生活の中でこそ「数・言葉のセンス」が楽しく身につく！

33

文字が書けることより、丁寧な字を書くことの意味を伝える

「ひらがなが全部書けるようになりました！」

早くからできるようになるわが子を、お母さんは誇らしく思うものです。ですが、将来を考えると、筆圧がない幼い時期に、「（筆順がでたらめのなんとか判読できる）字が書けるようになった」と喜んでいいかというと、ちょっと違います。

そもそも、ひらがな（文字）は、なんのためにあるのでしょう。

言葉と同じように、人に伝達する手段ですね。たとえひらがなが書けても、見る人に伝えるためのものですから、読みにくい文字では意味がありません。ぐちゃぐちゃの読みにくい字は、読んでもらう相手に対する思いやりがないことにつながります。

また文字は、人のためだけでなく、自分のために書くことも多いものですね。**雑な文字を書くということは、自分自身も雑に扱っているのと同じなのです。**

☆ひらがな全部読める子vs.生活を自己管理できる子

3歳児クラスに、ひらがなが全部読める男の子A君と、ひらがなはまったく読めない男の子B君がいました。

A君は、いわゆる「指示待ち」君で、言われないと何もできません。ひらがなが読めるようになったのは、文字に興味があり、好きなことだから、どんどん覚えていったのだと思います。ただ、A君のような子の場合は、好きではないこと、興味や関心のないことだと、いくらやっても進んでやろうとしないことが多いのです。

一方、ひらがなはまったく読めないB君は、教室に入ると何も言わなくても靴を脱いで下駄箱に入れ、上着をハンガーにかけて「おはようございます」と挨拶をします。それだけではなく、言われなくてもカバンの中からスモックやタオルを出して所定の場所に入れ、シール帳を出してシールを貼り、名札を自分でつけることもできます。

くどいようですが、二人とも3歳児です。

今は素晴らしいB君ですが、最初からそのようなお子さんだったわけではありません。「次はこれ、次はこれ」と手を出すお母さんを制して、私は言いました。

「そうやってお母さんがやってしまうと、やってもらいたい、やってもらうのが当たり前と子どもは思ってしまいますよ。それに、指示を次々に出してしまうと、考えて行動する子になりません。何かするたびにお母さんの顔を見る『指示待ちの子ども』になってしまいますよ。お母さんは、全部終わった時点で何か忘れていたら『何か忘れていないかな？』と言って思い出させてあげてください」

お母さんが手出し口出しをすると、自分で覚える必要がないので、考えて行動する子にはならないのです。

第1章でもお伝えしたように、**自分の生活を自分の手で管理できることのほうが、ひらがなが全部読めるよりも、幼児期にはずっと大切です。**生活を営むなかでこそ、子どもの五感が刺激され、頭の中は想像以上に活性化し、働いているからです。

幼児期に「次は何をしよう」と考えることができ、ボタンを留めるなど細かい手先のこともできるようにしておけば、その先の学習も自分のものにできます。このように**基本的な生活習慣ができている子は、学習する姿勢も違います。何事にも目を輝かせて楽しそうに取り組んでいます。これは、親子関係がきちんとできている**

からなのです。

反対に、何か一つやると突っ立って、「次は何をすればいいのかな? 友達はあんなことをしているけど……」とぼうっとしている状態では何も吸収できませんし、その場で言われたことだけ、あるいは好きなことだけしかしない子どもになってしまいます。つまり、お母さんが手出し口出しをしてしまう親子関係が改善されないと、なかなか難しい状況だと思われます。

言われたことはできるけれど、自分からは何も行動しない「指示待ち」の大人が増えています。いろいろな反省から、国は**新しい学力とは「知識や技能はもちろんのこと、これに加えて、学ぶ意欲や自分で課題を見つけ、自ら学び、主体的に判断し、行動し、よりよく問題解決する資質や能力等まで含めたもの」**としています。

幼児期の親子関係から見直していき、何ごとも意欲的に取り組める大人に成長してほしいと思います。

34

いくらドリルをやっても「数のセンス」は身につきません

「ひらがなの読み書き」同様、小さいうちから「足し算・引き算」を教えているご家庭も多いのではないでしょうか。

ところが、ただ単に「2＋3＝5」などと答えを言えても、あまり意味がありません。計算力を身につける前に、数そのものがなんであるのか理解する必要があります。

それには、まず**数の概念を身につける必要があるのです。**

☆数の概念

まずは1から10までの数を唱えることから始めましょう。

「10どころか100まで数えられます」と言う人は、本当に数えられるか、ビー玉でもサイコロでもなんでもいいので、100まで用意して実際に数えさせてください。

いかがでしょうか。正確に数えることができましたか？

たしかに100まで正確に言えても、それはお経《きょう》のように唱えることができるようになっただけで、口から出る数詞（1・2・3……）とビー玉が一致できるとは限らないのです。

数えられたとしても、一列になっているものを数えられても、丸く置かれていたり不規則に置かれているものの場合はどうでしょう？

数えられるということは、どのような置き方をしていても正確に数えられなければ、「数えることができる」とは言えないのです。

また同様に、5個用意して、「3個とったら何個になる？」「あと2個持ってきたら何個になる？」と聞いてみてください。

目の前に何もなくてもきちんと答えられるようになったら、数系列の順番がしっかり身についているといえるでしょう。

もしとんでもない数字を言ったとしたら、頭に1～10までの順番がきちっと入っていない、つまり、5より1少ない数は4で、1多い数は6」という数系列が身についていていないということです。

このように、子どもは、**リズミカルに1から10まで唱えられても、数系列の順番がしっかり頭に入っているとは限らない**場合があるのです。

数系列を身につけるには、何か動作をしながら数えさせてみるといいでしょう。

たとえば散歩の途中で階段があったら、「1、2、3、4、5、6……」と数えながら上り下りしてみます。ここでもし、子どもが4段目を上っているのに「5」と言ってしまったら、「まだ5段目に行っていないわよ。一つ上に行ったら5って言ってね」と訂正します。

リンゴを袋から出しながら「1、2、3……」と数えてみるのもいいでしょう。

数を数えながら同時にものを移動させるということは、子どもにとっては大変な作業です。意識して行うことで脳はより活性化するからです。

このように、幼児の場合は机の上ではなく、ふだんの生活のなかでお母さんと一緒に楽しい雰囲気で行うことが大切です。つまり、数を教えようとしないで、五感を使って遊ぶなかで「数えるの、楽しい！」と感じさせることが第一歩なのです。

「どっちが多いかな」ゲーム

後でもふれますが、子どもにとっては地道にコツコツやる勉強はちっとも楽しくありません。ドリルを毎日やったところで、数のセンスは身につきませんし、逆に勉強嫌いになってしまう子どももいるかもしれません。

「楽しい！」と思える「数える」遊びを紹介しましょう。おはじきを使います。

親子に分かれ、おはじきを両者の真ん中に置いて、1、2、3の合図でどちらが多くつかめるか（両手わしづかみする）を競うという単純なゲームです。

大人のほうがたくさんつかめると思います。ご自分のおはじきをわざと固めて置き、子どものつかんだおはじきは広げて置かせましょう。両者を比べて「どっちが多いかな」と聞いてみましょう。

すると、ほとんどの子どもは数が少なくても広がって置かれているほうを多いと答え、自分が勝ったと喜びます。つまり、子どもは見た目にだまされやすいのです。同様に、小さく集まっているものは数が少ないととらえてしまいがちなのです。

これで分かるように、子どもは必ずしも数を数えているわけではないのですね。一見、見ただけで分かる数の多さであっても、「数える習慣」をつけることで、このような傾向はなくなっていきます。

さて、必ずしも同じ大きさのものだけ数える機会ばかりではありません。

大きいものを○個、小さいものを○個用意します。大きくても小さくても「1」は「1」であること、同じ数だと理解させるには、やはり、数えるという体験をたくさんさせるしかありません。

生活のなかで、数えられるものはなんでも1個ずつ数えていく経験をたくさん積めば、見た目に惑わされずに数えることができるようになるでしょう。

☆「いくつに分かれるか」ゲーム

皆さんは計算するとき、8と4の足し算の場合は8と2を足して10、4から2をとって2、答えは12というように考えるのではないでしょうか。

また、7と6というように5より大きい数同士のときは、7＝5と2、6＝5と1、それぞれの5と5を足して10、残りの2と1で3、答えは13というように。もちろん、なかには7はあと3で10だからと考える方もいるでしょう。このように、**「5」という数字はとても大切な数字です。**

もう一つ、「10といういう数がいくつといくつに分かれるか」を知っておくことは、算数の基礎を身につけるうえでもとても大切です。これも、遊びや生活を通して、楽しく伝えることができます。

これらを**減々法**や**加減法**といいます。おはじきを使って、そのもとになるセンスを身につける遊びを紹介します。

まず、おはじきを10個用意します。お母さんの手の中でおはじきをカシャカシャ鳴らしながら、子どもに見えないように、左右の手にそれぞれおはじきを分けて握ります。そして、「どっちの手が見たい？」と聞きましょう。

子どもが「こっち！」と言って指差したほうの手のひらを開き、おはじきを見せます。6個なら6個であることを確認させます。子どもが数えたあと、「じゃあ、反対側の手には何個入っているかな？」と聞いてみましょう。

間違えていても気にせず、明るく「ブッブー、残念でした」。当たったときは「ピンポン、あたり！」。**10がいろいろな分かれ方になるようにして遊んでみてください。**

子どもが「10は5と5でできているんだよ！」と言っているから、数字はよく分かっていると思ってはいませんか？

本当に分かっている子は、右手の中におはじきが6個入っているのに、反対の手の中の数字を5とか6というように、5より大きい数を答えたりしません。

逆に、右手に4など5より少ない数が入っていたときも同様です。左手には5個より大きい数が入っていることが分かっていなければなりません。

これが自然と分かるようになるには、普段の生活のなかで、お母さんが5を基準にした数の概念を育ててあげる必要があります。

このように**数の多さの比較を生活のなかで拘《こだわ》ってみてください**。そして、考えさせる機会をたくさんつくってあげましょう。

☆「上から○段目、右から△番目の物持ってきて」ゲーム

たとえばクッキーなど、大きなお菓子の箱の中が均等に分かれているものがあったら、いろいろな数を学習するチャンスです。

「おいしそう。ママは上から2段目の左から3番目のお菓子にするわ。どれか分かる？」と言ってみましょう。

そして、ゲームの場合は、子どもがそのお菓子をあてられたら「残念、あなたのものです。どうぞ」。「今度は○○ちゃんの番、どれがほしいか、言ってみて」。それでわざと間違えたりすると、子どもは大喜び。**楽しく順序数を理解させてあげてください**。分からない場合は、一列だけのものを用意して、「左から何番目・右から何番目」に慣れさせてください。

これまで子どもにとっての数は、数の集まり（集合数）でした。でも、順序数の場合は「7番目」と言っても、一つだけということがなかなか理解できません。

本棚から本を取るときも、「○○ちゃん、下から2段目の左から5冊目の本を持っ

てきてくれる?」。「○○ちゃんの好きな『△△△』のご本、本棚の右から何冊目にあるのかな? 一緒に数えてみようか?」と言ってみるのもいいでしょう。

そのほか、**幼児のうちに分数の概念を生活のなかでふれさせてあげましょう。**

たとえば、ピザやホールケーキを食べる機会があれば、「今日はお父さんとお母さんと○○ちゃんと3人で食べるから。みんな同じ大きさになるように切ろうね。3個ね」「この間はお友達が5人来ていたから、5個にしたのよね。あれ、今日のほうが5より少ない3なのに大きい!?」などと言って、分けた大きさと人数を意識するようにすれば、分数にも親しめることになります。

こうして生活のなかでさまざまな算数の概念を体験させておくことが、のちのち算数の基礎である「数のセンス」となり、生きてくるのです。

生活のなかで経験をしていない子どもにとっては、学校の勉強として数の概念や分数が出てくると、ハードルが高いと感じてしまう場合もあります。実際、そこでつまずく子もいます。どうぞ、勉強嫌いではなく、楽しめる子にしてあげてください。

35

お母さんと一緒にやるから楽しい「もじ・ことば」遊びのすすめ

幼児期は「ひらがなをいくつ覚えたか」より、「お母さんと一緒にやると楽しい」と思えることが、のちのち学ぶうえで大切になってきます。

ひらがなの読みを覚えてほしいのなら、ひらがなポスターを貼って教えるのではなく、楽しい遊びにします。

以前、ほかの著書でも紹介しましたが、私の教室では、3歳児クラスで「ひらがな用意ドン!」というゲームをします。

やり方は簡単です。

裏に絵が描いてあるひらがなカード（木の積み木でもＯＫ）と、それを入れる手が入る程度の穴が開いた箱を用意して机の上に置きます。

机から2メートルほど離れたところから「用意ドン」と声をかけます。

子どもは走って箱の中に手を入れてカードを一つ取ります。絵を見てからひっくり返して、「いちごの『い』」「えんぴつの『え』」などと言います。

そのとき必ずひらがなのほうを見て言わせるのがポイントです。言ったら元の場所に戻り、取り出したカードはひらがなが上になるようにして置きます。

また走ってきて違うカードを取り出し、同じことを5〜8回くり返します。

そこで一時ストップして、取り出したカードの文字を読ませて、読めない字があったら裏の絵を見せて思い出させるのです。

次にまた走ってきてカードを取り出すことをくり返し、10文字以上並んだら、同じようにストップしてカードの文字を読ませるということをくり返します。

そうしていくうちに、文字と絵が記憶として結びついていくのです。

読めるようになったら、**「すごいね、こんなに読めるようになったね」と読める字を外していきます。すると、「もっとやりたい」というやる気にもつながります。**

「ひらがなを覚えさせよう」というのではなく、あくまでもゲームとしてお母さん自身も楽しんでやることが大切です。

こうして、**子どもが「お母さんとやると楽しい」と思えたら、もっと難しい勉**

強になったときも、「お母さんとやると、すぐ分かるようになるからやりたい」「お母さんと勉強する時間が楽しい」と思えるようになるのです。

ここで注意したいのは、お母さんと一緒にいると楽しいかどうかは、結局のところ、「親子関係」にかかっているということです。

お母さんと一緒にいると楽しいのは、「お母さんは自分のことをちゃんと認めてくれている」「自分のことを正しく見てくれている」と思うからなのです。

第1章で親子の言葉のキャッチボールの話をしましたが、お母さんの言うことを聞かない子どもの心の中を翻訳すると、

「お母さんはいつもちゃんとしたボールを投げてくれない。いつも小さい子に対しての（赤ちゃんみたいな）ボールしか投げない。言っていることは百も承知しているよ。いつも同じことしか言わないし」

と思っているからなのです。

等身大のその子自身を正しく見て、それにふさわしい言葉かけをしてあげることが大切です。

36

脳が「楽しい」と感じることがカギ！自分から勉強する子の育て方

小学生の子どものお母さんとお話しすると、「宿題やドリルをやりたがらなくて困る」という声をよく聞きます。

「このドリルをやると○○ができるようになるわよ。どうする？」という言い方はどうでしょうか。

一見、提案して子どもに選択させているように聞こえます。でも子どもは威圧的に押しつけられているように感じてしまいます。このように、子どもになんとかやらせたいと思って無理やりやらせようとすると、ますますやらなくなります。

子どもに「やるか・やらないか」を迫るのでなく、「やってみようかな」と思えるようにもっていくやり方があります。

書き取りの宿題であれば、

「テストで書けないのいやでしょ。ちゃんと練習しよう」

と言うより、

「見て見て！　こんなにきれいに書けちゃった。こういうふうに留《と》め・撥《は》ねをよく見て書いていくと、ちゃんと書けるようになっちゃうみたいよ」

と言えば、どうでしょう。このようにポジティブな言い方がカギです。

山登りにたとえると、「できないことをコツコツ頑張っていたら、気づいたときには今まで見たこともないような景色が見えちゃうかもよ」ということを伝えるのです。これは、ひらがな書きの際の4、5歳の子どもにも十分伝わります。

☆「お母さん、それ、どうやってつくるの?」と思わせる工夫

私の教室で見られる面白い光景があります。やっているときは集中しているせいか笑顔を見せないのに、終わると「楽しかったね」と、子どもたちが言うのです。

これは、考えたり集中したりすることで脳が満足し、「脳が楽しい」と感じている

状況です。

それはやらせているのではなく、子どもが自ら「やってみようかな」と思えるようにもっていくことです。

そのためには、**最初に、「小さな感動」をたくさんさせてあげることが前提です。そして、やりたいと思えるような手本を示すことです。**

ブロック遊び一つとっても、子どもがやろうとしているのに、つい手を出してしまい、「違うでしょ、こうよ」などと言ってしまったら、たちまちつまらなくなってしまいます。

「お母さん、こんなのつくっちゃった！」と子どもに言えば、「え、どうやってつくるの？」と子ども本人が自分でつくってみたいと思う気持ちが出てきます。

箸《はし》使いも、食べ始めから終わるまで持ち方指導したら、子どもは嫌になるだけです。

最初のうちは5分間限定でお箸を与えます。

正しい持ち方でお箸をもたせてください。どうしてもお箸がずれてきますから、面倒でもお箸の先が合うように直してあげましょう。

「上手につかめるかな」と、お母さんも一緒にお箸を使って食べる様子を見せてあげてください。

5分たったらスプーンとフォークを出して、あとは好きなように食べさせます。

お箸の正しい持ち方をさせることが最優先だと、口うるさく言ったり正しく握れるお箸などで練習させたりして、持ち方を矯正させることになります。

ブロックにしてもお箸にしても、**「自分も、お父さんお母さんのようにできるようになりたい」と感じ、その様子をしっかり見て真似をする経験を得ることで、大変だと思えることも頑張れば自分のものになると知らせてあげることができます。**

「脳が楽しい」と言えるようなやり方を工夫すれば、子どもはたくさんのことを自ら学びとる子に成長していくのです。

☆エピローグ☆

学力＝生きる力を育《はぐく》む「丁寧な子育て」

子育て相談では、具体的な事例をもとに個別にご指導してまいりました。

どのケースも子育ての課題解決のもとになるのが、望ましい親子関係です。

親の子どもへの思い（情動）をそのままにではなく、「育ちゆく人間としてのわが子」への子育て、その重要性を理解していただくことからでした。

つまり、子どもの生きる力そのものをどのように育むか、だったのです。


どんなに幼くても、子どもは一人の人間として尊重されるべき存在であること。将来、社会人としてふさわしい人間になるために、どのような幼児期をすごしたらよいのか。子どもに大きな影響を与える人的環境である母親・父親は、**他己意識の存在を活かすことで、わが子の成長を手に入れることができる**こと。そして、子どもは大人の言動をどのようにとらえているのかをご理解いただくことでした。

それらを頭において、丁寧な子育てを心がけることです。

説明を少ししか聞かずに、すぐ「わかった！」と言う子。早とちりする子。手を添えて教えてあげても、「わかった、もういい」と言って、手を払いのける子。苦手なことや嫌いなことはしようとしない子。その結果、思い通りにならないと怒りを覚え、周りのせいにしたり八つ当たりしたりする子。身の回りのことをやってもらってばかりいて、いざとなると自信のない子……。

精神的に幼ければ幼いほど、この傾向があります。生きるうえでそういった傾向が強ければ強いほど、子ども自身が大変だと思われます。

反対に、**親子関係が良好な子どもは、素直な心をもち、相手の言葉をきちんと受け止めようとします。それを仲間との関わりにも広げていくことができます。**

また、相手を尊重して会話を行うことができる子は、相手が何を伝えたいのか理解できるようになり、自分の思いや考えも伝えることができるようになります。

そして、身の回りのことだけではなく、それらを通して広く社会に目を向けていくことができるようになります。

さらに、**いろいろ気づき、考えることもできるようになります。規範意識が芽生え、自分と同じように仲間も大切にすることができるようになります。問題解決能力も高まり、本来の生きる力がついていきます。**

さて、在室・卒室児のお母様方の多くは、この本に出てくる子どものことを、「これはわが子のことだ」と思われるかもしれません。でも、特定のお子さんのことではありません。発達のある姿を示した結果なのです。

たとえば「探索行動」。歩けるようになるといろいろなものをひっぱり出したり壊したり。これは成長の証なのですが、親から見れば問題行動になります。でも、母親の言葉かけ次第で、してはいけないものにさわらなくなる。そんな事例をご紹介したものです。

２０１４年、それらを日本教育心理学会で発表する機会を得ました。題名は、『乳幼児の自己調整行動を誘導する方略の試み――母親の「言葉かけ」を通して』

というものです。

当日、温かい言葉をかけてくださった研究者・現場の先生方、福島県・宮城県での講演会に参加およびアンケート協力をしてくださったお母様方、ありがとうございました。なにより、長く教室を続けることができているのは、母と子のオムニパーク・潤心会の在室・卒室の保護者の皆様、関わった先生方や友人家族、支えてくださったすべての皆様のおかげと感謝しております。そして、ご縁があり、青春出版社の野島様と再び本作りを行うことができたことを幸せに思っております。

子育てに魔法の言葉や、こうでなければならないということはありません。子どもも親も十人十色です。悩みは一つではありません。

子育てのコツとして多くの実績がある「他己意識」ですが、文面だけだとうまくいかないこともあるかと思います。でも、一生懸命な思いは必ず子どもに伝わります。

この本を手にした皆様の子育てに少しでも関わることができ、子育て応援団長としての役目が果たせれば幸せに存じます。

福岡潤子

※年齢はあくまで目安です。その子の発達段階に応じて参考にしてください。

他己意識ポイント

「抱っこしたら泣きやもうね」（あなたは赤ちゃんじゃないものね）。「ママの大事！」「あぶっ（危ない）！」（お話ししたものね。あなたはねんねの赤ちゃんじゃないから分かるわよね）

「～と言ったんじゃなかったの？　どうぞ」（その結果がこれよ。本当にそれでいいの？　あなたはちゃんと考えられる子でしょ）

「どうして～したのかな。どうしたら、○○しなくてすんだのかな」（あなたの行動はそれでよかったの？　あなたは考えることができる。ちゃんと考えようね）

「できないからイヤなの？　どうしたらできると思う？　分からなかったら（ママに）聞いてね」
（その気持ち、分かるわよ。ママが力になれるわよ。自分から聞けるお兄ちゃん・おねえちゃんでしょ）

「今度あなたができなかったときに、○○ちゃんがあなたができていないって言ってもいいの？　そのとき、○○ちゃんを注意しなくてもいいわよね。だって、あなたが、今、お友だちにしているんだもの」（お友だちも頑張っているのに、結果だけを見て友だちを評価するのはおかしいでしょ。あなたならその意味が分かるわよね）
「ちゃんと聞こうと思って、聞いたり見たりしようね。やってから失敗したと思うのはイヤでしょ。何をどうしたらいいのか考えてからにしようね」
（あなたはそれができると思うわよ）

発達段階別 子どもが身につけること

	この年代の特徴	できると望ましいこと
0〜1歳	気に入らないことがあると、大声で泣く。欲しいものが手に入るまで泣く。	嫌なことがあっても“抱っこ”されると泣きやむ。さわってよいモノ、悪いモノを知る。
2歳	自分が王子・王女さま。自分に都合のいいことは返事をするが、そうでない時は聞こうとしない。	親子の中で、コミュニケーションの基本である言葉のやりとりができる。自分の言葉「イヤ！」の意味を知る。できたときの喜びを知る。
3歳	視野が狭く、思い込みで行動する。やりたくないことはやりたくない。 身の回りのことも、できれば誰かにやってほしい。	失敗から学ぶ。言葉の大切さを知り、相手を見て、聞いて、考える姿勢を身につける。
4歳	得意なことはやるけど苦手なことはしようとしない。してよいことやいけないことが分かってくる。男児はふざける、女児はぶりっこという傾向が見られ、自分の他己意識にしばられがち。	好きなことや得意なことばかりではなく、苦手なことややりたくないことでも、やってみようとする。 自分の他己意識にしばられず、行動できるようになる。
5〜6歳	自分はできると思う子は仲間を見る目が厳しくなり、そうでない子は皆と打ちとけにくくなりがち。 親子関係が学ぶうえで、はっきり表れる。	できることがよいことではなく、頑張る心をもってやりとげる過程が大事だということを知る。自分が言われたらイヤなことを相手に言わなくなる。学び上手な子になり、考えて行動できるようになる。

著者紹介

福岡潤子
少人数制幼児教室「母と子のオムニパーク（潤心会）」室長。教職修士・幼稚園教諭専修免許・学校心理士。1950年生まれ。幼稚園教諭を経て、1986年千葉県松戸市に「母と子のオムニパーク」（東京校は「潤心会」）を開設。受験対策をせずに「幼児教育の基本」を行ってきた結果、名門幼稚園・小学校への高い合格率、および優秀な卒室児多数。いわゆるお受験教室とは一線を画し、「伝説の幼児教室」と呼ばれるようになる。また、子どもだけでなく、母親も学習し成長できる教室として評判になり、首都圏のみならず全国各地から通う親子も少なくない。本書では、45年以上幼児教育に携わってきた著者が、子どもの伸びる力・学ぶ力を左右する「他己意識」を生かした子育て法を初めて明かした。

母と子のオムニパークhttp://omnipark.net/

「伝説《でんせつ》の幼《よう》児教《じきょう》室《しつ》」の先生《せんせい》が教《おし》える
子《こ》どもが賢《かしこ》く育《そだ》つたった1つのコツ

2015年8月10日　第1刷

著　者　福岡潤子《ふくおかじゅんこ》
発行者　小澤源太郎

責任編集　株式会社 プライム涌光
電話　編集部　03(3203)2850

発行所　株式会社 青春出版社
東京都新宿区若松町12番1号 〒162-0056
振替番号　00190-7-98602
電話　営業部　03(3207)1916

印　刷　中央精版印刷　製　本　大口製本

万一、落丁、乱丁がありました節は、お取りかえします。
ISBN978-4-413-03964-2 C0037

あの人はなぜ、ささいなことで怒りだすのか
隠された「本当の気持ち」に気づく心理学
加藤諦三

The Power of Prayer
なぜ、あの人の願いはいつも叶うのか？
幸運を引き寄せる「波動」の調え方
リズ山崎

女性ホルモンを整えるキレイごはん
松村圭子

子どものグズグズがなくなる本
すぐ「できない」「無理～」と言う・ダダをこねる・要領が悪い…
田嶋英子

中学受験は親が9割
［学年・科目別］必勝対策
西村則康

青春出版社の四六判シリーズ

決定版
一流のプロの〝頭の中〟にある
仕事の道具箱
中島孝志

長生きするのに薬はいらない
「治る力」を引き出す免疫力の高め方
宇多川久美子

赤ちゃんもママもぐっすり眠れる魔法の時間割
生活リズムひとつで、寝かしつけのいらない子どもになる！
清水瑠衣子

「子どもにどう言えばいいか」わからない時に読む本
諸富祥彦

図解
正しい言葉づかいがラクラク身につく！
「敬語」1分ドリル
内藤京子